书山有路勤为径，优质资源伴你行
注册世纪波学院会员，享精品图书增值服务

MAKING EXTRAORDINARY THINGS HAPPEN IN ASIA

APPLYING THE FIVE PRACTICES OF
EXEMPLARY LEADERSHIP

钻石版

领导力
如何在组织中成就卓越
（亚洲版）

詹姆斯·M.库泽斯
(James M. Kouzes)
巴里·Z.波斯纳
(Barry Z. Posner)　著
[美]
戴启思
(Steven J. DeKrey)

陈文芳　李云燕　崔音　译
陈文芳　审校

電子工業出版社.
Publishing House of Electronics Industry
北京·BEIJING

James M. Kouzes, Barry Z. Posner with Steven J. DeKrey: Making Extraordinary Things Happen in Asia: Applying the Five Practices of Exemplary Leadership.

ISBN: 9781118518159

Copyright © 2013 James M. Kouzes and Barry Z. Posner

All Rights Reserved. Authorized Translation from English Language edition published by John Wiley & Sons Singapore Pte Ltd. No part of this book may be reproduced in any form without the original copyrights holder.

Simplified Chinese translation edition copyrights © 2019 by Century Wave Culture Development Co-PHEI.

Copies of this book sold without a Wiley sticker on the cover are unauthorized and illegal.

本书中文简体字版经由 John Wiley & Sons Singapore Pte Ltd. 授权电子工业出版社独家出版发行。未经书面许可，不得以任何方式抄袭、复制或节录本书中的任何内容。

版权贸易合同登记号　图字：01-2013-9180

图书在版编目（CIP）数据

领导力：如何在组织中成就卓越：亚洲版：钻石版 /（美）詹姆斯·M.库泽斯（James M. Kouzes），（美）巴里·Z.波斯纳（Barry Z. Posner），（美）戴启思（Steven J. DeKrey）著；陈文芳，李云燕，崔音译. —北京：电子工业出版社，2019.3

书名原文：*Making Extraordinary Things Happen in Asia: Applying the Five Practices of Exemplary Leadership*

ISBN 978-7-121-35999-6

Ⅰ. ①领… Ⅱ. ①詹… ②巴… ③戴… ④陈… ⑤李… ⑥崔… Ⅲ. ①领导学 Ⅳ. ①C933

中国版本图书馆 CIP 数据核字(2019)第 018490 号

策划编辑：刘露明
责任编辑：刘淑敏
印　　刷：北京盛通数码印刷有限公司
装　　订：北京盛通数码印刷有限公司
出版发行：电子工业出版社
　　　　　北京市海淀区万寿路 173 信箱　邮编 100036
开　　本：720×1000　1/16　印张：13　字数：115 千字
版　　次：2019 年 3 月第 1 版
印　　次：2025 年 11 月第 21 次印刷
定　　价：56.00 元

凡所购买电子工业出版社图书有缺损问题，请向购买书店调换。若书店售缺，请与本社发行部联系，联系及邮购电话：(010) 88254888，88258888。

质量投诉请发邮件至 zlts@phei.com.cn，盗版侵权举报请发邮件至 dbqq@phei.com.cn。

本书咨询联系方式：(010) 88254199，sjb@phei.com.cn。

推荐序一

既有全球普适性，又有亚洲特色的领导力

徐中　博士

领越®领导力高级认证导师

智学明德国际领导力中心创始人

"领导力可以培养吗？"这是人们经常提出的一个问题。

如果回答"可以培养"，那么，接下来的问题就是："领导力培养有普适的方法吗？西方那一套方法在中国适用吗？LPI®的360度领导行为测评适合国有企业吗？"

从 2003 年回到清华大学经管学院负责高管培训教育以来，我经常听到学员提出这类问题。2009 年，清华经管学院要推出新版 MBA，把"领导力开发"作为必修课，学院从全球的实战型领导力课程中，选择了领越®领导力这

门经典课程，在泰国正大集团的资助下，2011 级和 2012 级有大约 1000 位 MBA 学生学习了领越®领导力课程。在短短两天中，同学们就掌握了一套国际权威的领导力开发系统，这门基于 30 多年实证研究的领导力课程获得了同学们的高度评价，大家一致认为：领导力是可以培养的！

正如本书作者库泽斯和波斯纳所说：从某种意义上讲，领导力是一组技能，就像唱歌，人人天生就会发声，但只有经过长期的、科学的训练，才能成为优秀的歌唱家！

库泽斯和波斯纳的领导力研究独树一帜，在国际上赢得了广泛的赞誉。他们基于 1982 年以来对数万名卓越领导者的深入研究，以及 300 多万人的领导行为测评（LPI®）结果，提出：**领导力就是动员大家为了共同愿景努力奋斗的艺术**。卓越的领导者都具有五种习惯行为：**以身作则，共启愿景，挑战现状，使众人行，激励人心**。

《领导力》亚洲版基于亚洲的实践和研究，既印证了全球的领导者五种习惯行为的普适性，又提炼出了亚洲领导力所独具的一些特色，对于亚洲各国，尤其是中国的领导者具有很好的参考价值。

2011 年以来，我给清华 MBA、中国电信、中国银行、阿里巴巴、美团点评、艾默生等上百家企业讲授领越®领导力，一次又一次地证明，领越®领导力是一套行之有效的流程和方法体系，即使来源于西方，也很适合中国。

借此机会，我谈几点个人感悟，仅供参考：

领导力教育全球排名第一的创新领导力中心（Center for Creative Leadership，CCL）提出，领导力的各种定义都包含三个共同要素：领导力本质上是一种影响他人的社会过程，领导者的性格决定领导风格，情境影响领导力的发挥。在领导力培训中，亚洲情境、中国情境是我们需要注意的一个重要方面，历史、文化、教育、制度和经济等环境有显著差异，这就要求我们"到什么山唱什么歌"。

例如，领越®领导力的一个经典调研是"受人尊敬领导者的七个品质"，我们通过来自企业、政府和商学院 MBA 的 5000 余份调研结果发现："有前瞻性"一项总是占据第一或第二（国际 62%，中国约 72%），这说明对于东西方的领导者而言，面向未来、高瞻远瞩、找到方向是最重要的、必备的习惯行为之一。在中国，"心胸宽广"加总排在第一位（大约 83%），而在国际调查中排在第六位（大约 40%），且比例差距较大，这说明在中国，领导者的格局、气量和包容性最为重要！这也是为什么刘邦能够打败项羽的关键所在！

此外，还有一个重大情境差异是，中国在 40 年改革开放的快速发展过程中，新兴企业、创业企业多，在从短缺经济到供求平衡的过程中，很多企业留下了较为鲜明的创业精神，这与美国的成熟经济和成熟企业有所不同，中国企业更强调快速成长和变革，发展速度更快，年轻的管理人员比例更高。同时，国有企业、民营企业、外资企业的所有制差异、东中西部等区域差异等，也给我们提出了一些需要考虑的领导情境的差异。

为了帮助中国的领导者更好地理解和实践卓越领导五种习惯行为®，我从"领导自我、领导团队、领导业务"三个方面，做了一些本土化的解读，得到了学员们的认可和好评，现简要分享如下：

- **以身作则我是谁？** 这是领导的起点和基础，领导力由内而外，领导者首先是领导自己、自强不息，通过澄清自己的领导哲学，尤其是价值观，做到言行一致、知行合一、真诚领导，来回答追随者最关心的问题"你是谁？你要带我们去哪里？怎么去？"，并且树立榜样、建立信誉，这样才能真正影响和带动他人。

- **共启愿景去哪里？** 前瞻未来、放飞梦想，找到激动人心和富有吸引力的奋斗目标，生动描绘那个成功的画面，让人们心驰神往、全情投入，形成强烈的共识和共鸣。

- **挑战现状怎么去？** 寻找创新和变革的机会，以成长型思维去打破藩篱、寻求突破，冲破旧有的观念、制度、惯例和行为等约束，开放思维、勇敢创新、鼓励冒险，积小胜为大胜，从错误和失败中学习成长。

- **使众人行一起去！** 充分调动团队中每个人的积极性、参与感和合作意识，通过加深信任、增进关系、团结合作、平等参与、授权赋能、增强自信、共享信息、分享权力和利益，打造一个利益共同体、事业共同体和命运共同体。

- **激励人心快乐去！** 克服前进中的困难、挫折和失败带来的心理压抑，通过真诚的认可为心灵加氧，不断保持和激发人们的工作意愿和激情。通过多种富有创造性的激励方式，有效地认可、表彰人们的进步和成绩，经常庆祝小小的胜利，营造一个乐观向上、鼓舞人心的氛围。

最后，领导力是一种成为榜样的习惯行为，与儒家倡导的"诚意、正心、修身、齐家、治国、平天下"理念有很多相通性。领导力发展是一个由内而外的艰难的、无止境的过程，所谓"知易行难"，从"知道"到"做到"，以致变成"习惯行为"，既需要方法，更需要坚持。而且，领导力的本质是赢得他人的自愿追随，自强容易厚德难，没有强大的自我觉察能力和精神富足，没有足够的欣赏、感激、包容、奉献和承诺，要想获得卓越领导力如同"空中楼阁"。

"纸上得来终觉浅，绝知此事要躬行！"

我们提倡领导力发展要做到四个字——"知信行习"，即"知道、相信、践行、习惯"。与诸君共勉！

推荐序二

实践的力量

闫秋华（Connie Stephens）

领越®领导力高级认证导师

思瀚商务咨询有限公司创始人

《系统教练》和叩启中国创始人

第一次遇到《领导力：如何在组织中成就卓越》是在 2000 年，于奥斯陆 MBA 领导力的课程上。当时，被库泽斯和波斯纳这套既简单，又意义深远的领导力模型所深深吸引。自此，卓越领导者的四个主要品质、五种习惯行为和十大承诺成为自己领导力发展的实践准则和行为指南。非常有意思的是，在整个 32 位 MBA 学生中，我不仅是唯一的中国人，更是唯一的亚洲人。当时，内心也有个小小的困惑：这些理论和实践在亚洲真能行之有效吗？

MBA 毕业之后，我开始了咨询生涯，主要聚焦于领导力发展、教练辅导及组织发展咨询，包括服务全球 500 强的企业、国企、民企、学校、公益机构，以及其他形态的组织。服务的范围也主要集中在中国和亚洲其他国家。当然，因为我们服务的组织外企居多，所以全球的项目也非常多。本书是我为组织推荐最多的一本参考书，因为它汇聚了作者 30 年的宝贵智慧，在研究了领导者的共性品质和习惯行为的基础上指出：任何一个人，只要想成为卓越的领导者，以信誉作为立身之本，通过以身作则、共启愿景、挑战现状、使众人行和激励人心这五种行为的反复实践，听取反馈，调整提升，内外兼修，不断锤炼，那么，成为卓越领导者的可能性就会大大增加。

领导力是实践出来的。作为领越®领导力高级认证导师及高管教练，在学习、讲授和辅导企业发展领导力时，我们一次次地证明使用库泽斯和波斯纳这套来源于实践并应用于实践的领导力模型是行之有效的体系。尤其是结合领导者的 360 度领导测评报告（Leadership Practice Inventory，LPI），让领导者可以更加深刻地了解自己的优势及需要提升的领域，了解他人对于自己领导行为的认可程度的直观反馈并做出相应的调整，从而一步步地提升自己的领导力。在辅导客户实践和发展领导力的的过程中，我一次次地感受到"实践出真知"的力量，收获满满的成果。"我之前一直觉得领导能力是一种**天赋**，但参加了这个领导力发展项目以后让我了解到领导力也是可以通过改变行为**而得到提升**的。""这是我参加过的**最落地**的领导力发展项目。""这个项目让我清晰地了解了什么样的**行为改变**能够提升我的领导力。""相信这个项目可以让我们组织建立起一种**共同的领导力语言**。"……当收到客户这些真诚的反馈后，我更加确信，通过这套领导力发展体系，可以使领导者改变思维和心智模式及行为习惯，帮助组织培养并形成共享的领导力语言、理念和行为，从而形成组织文化，成就组织卓越。

受电子工业出版社刘露明女士邀请，为本书写序。在通读了本书所收集的亚洲领导者创造卓越的案例之后，被书中许多鲜活的案例所感动，如临其境，可以让我学习和借鉴。这些案例再次印证了这套领导力体系在亚洲的实践是奏效的，也印证了领导力不是靠天生的遗传基因，而是靠有意识的并持续的实践，靠反思、改变、学习和精进获得的。卓越的领导力何时何地都可以展现，只要你有意愿，敢承担。领导力是具有普适性的，可以跨越地域、文化、种族、组织的形态和规模、职务、级别、年龄、性别、背景、性格、时间和空间。

领导力是每个人的事情，人人都有领导力，关键是要点燃每个人的内在动力。记得上大学时，每到假期，我都会乘坐绿皮火车从广州到郑州，大概需要20多小时。对比现在，在中国乘坐过高铁的朋友常常惊诧于它的速度和平稳性。那么，高铁和绿皮火车之间的差别到底在哪里呢？传统的火车往往在车头有一个引擎，带动所有车厢；而高铁在每个车厢都有一个引擎，它们协同工作，所以整列车速度惊人。同样，在组织中如果一个组织只有一个人来承担领导者的角色，那么，领导者的工作就会举步维艰，难以形成气候。但是，领导者如果能发展并点燃每个人内在的动力，让他们承担责任，积极参与，协同合作，那么，团队中的每个人的责任心、参与度、满意度和敬业度会大大提升，团队的士气会高涨，组织的绩效也会随之提升。

领导者要成为卓越的领导者。英国作家马尔科姆·格拉德威尔（Malcolm Gladwell）在他的书《引爆点》（*The Tipping Point*）中提到了引爆点的概念：一个微小的变化可以轻易地推动或撬动系统性的变革，产生飞跃性的变化和巨大的影响。领导者要引领变化，创造不同。如果你希望成为卓越的领导者，并给他人、团队、组织、家庭和社区带来积极正向、意义深远的影响，那么，就从自我的改变开始，将卓越领导五种习惯行为®落实在生活和工作中：以身作则，树立榜样；共启愿景，澄清方向；挑战现状，优化流程；使众人行，赋能发展；激励人心，鼓舞士气。当你坚信榜样的力量并活出这种状态，做到知行合一、持续提升，你就会吸引更多的追随者，创造更多的不同，产生更大的影响。

领导力是一种选择。真正的领导者随时随地都能够带着发现的眼光，捕捉和创造不同的引领自己和他人的机会。如果你选择成为卓越的领导者，你就会审视自我，澄清内在的声音和领导力理念，做出正确的选择；相信实践的力量并开始你的领导力实践。在领导力发展的旅途中，也许遇到各种各样的挑战，但是，只要内心被令人激动和意义深远的愿景所指引，你一定能够直面挑战，主动创新。只要能够号召更多的人与你前行，赋予他们信心、力量和能力，并与之分享权力和利益，同时能够持续地激励他们，创造和协的文化氛围，那么，你的旅程也会变得更加笃定、有趣、充实并富有成果。所有这一切都需要你的勇气、意愿、信念与坚持。

信誉是领导力的基石。在《领导力：如何在组织中成就卓越》一书中，作者库泽斯和波斯纳对卓越领导者的品质有专门的章节，浓笔介绍了诚实的、有前瞻性、有胜任力的和能激发人的这四个形成领导力基石的品质。在本《领导力：如何在组织中成就卓越》（亚洲版）中，这方面并没有展现，似乎有点遗憾。但是，仍然瑕不掩瑜，值得深读。

相信实践的力量，开启领导力发展之旅吧，你会发现沿途不同的风景！

再 版 序

——知行合一，发展领导力正能量

这本基于卓越领导五种习惯行为在亚洲的领导力实践真人真事，2014 年 7 月出版后，在短短不到 5 年的时间内，印刷了 14 次，不得不说书中列举的领导者的感人故事，深深地打动了人心，指引人们前行！亚洲作为全球经济增长的引擎，挑战也与时俱进，对领导者的挑战更大；特别是在中国高增长、多元化的市场上，尤其呼唤由内至外的优秀领导者。这些人不是媒体高曝光的公众人物，而是各行各业埋头实干的普通人。

书中强调领导力是每个人的事，不管哪个国家、哪种文化背景、哪个行业，以及年龄性别如何，能驱动跟随者高度敬业投入的领导者一定是人性的、普世的。领导力不是高高在上的职位、权力、权威或名誉，而是实实在在地体现在每天与他人的互动中，如在与核心合作伙伴的每次电话交谈中，与家人的每顿晚餐中，等等。在我很多年金融行业及其他行业的领导力发展工作中，我发现很多领导者不是没有愿景，不是战略高度不够，而是不重视如何把自己的愿景、战略统一成大家自觉自愿的、上升为组织层面的美好蓝图；他们不是在具体领域的能力不够，相反很多在位的经理人都是因为技术特别出色或销售能力特别强而被提拔的，但提拔者忽视了他们与他人构建合作关系、让大家一起成功的能力，忽视了他们激励他人为共同热爱的事业而奋斗的能力。这种能力是另一层面的，也是更高层面的！历史文化的沉淀让人们习惯于听从高职位者，习惯于接受指令，而忽视了每个人内在的领导力潜质。能否让这股巨大正能量发挥出来，看看我们能否回到人性的本质，顺应宇宙的规律，能否沉下心着力于重要的事情、对的事情，生生不息，以不变应万变！

通过一个个鲜活的案例——如何打击盗版，发展本土软件业；如何在全球危机中说服总部，挑战现状，抓住中国增长机遇；如何在企业转制中，穿越不同文化习俗和管理风格，在共同愿景下挖掘共同利益——我们可以看到，领导力的五种习惯行为有了植根于土壤的生命，让每个选择实践领导力的人都能长成参天大树。这五种习惯行为最重要的精髓就是"相信领导者就住在你的心中"。

要相信领导者就住在你心中，首先要了解自己。领导者是个好榜样，希望获得他人的承诺，你要成为期望他人所展现行为的楷模。挑战在于，这种楷模是否深深地植根于你的价值观中？

我们看到当领导者讲起来头头是道，做起来却是另一回事时，追随者会产生疑惑、不信任甚至被背叛的感觉。我们真正了解自己的价值观，还是拿起所有令人赞赏的价值观标签往自己身上贴？我们到底有多坦诚地面对自己，愿意花多少时间、精力来思考自己的动力机制和道德罗盘？如果对自己没有这份明白和清晰，在身处道德灰色地带和大环境的艰难时刻，未完成目标甚至项目失败的责任由谁来承担？与那些喜欢挑战上司又有能力的下属如何相处？这时领导者的行为是否与其秉持的价值观一致？艰难时刻大家的眼睛都盯着领导者呢！

发展领导力是自我发展的过程。工程师有电脑，画家有绘布和画笔，音乐家有乐器，领导者只有自己。领导者的乐器是自己，对于领导力艺术的融会贯通来自对自己的了解和觉察。自我发展不是到处游荡，塞进一大堆新的花哨信息，或者尝试最新的工具和技巧，而是激发出早已在你灵魂深处的东西，释放出你内在的那个正能量的领导者，它让你毫无挂碍，让你自由。

如何了解自己，觉察自己，书中有很详细的讨论。你的生命就是你的书，你的生命就是你的圣经，去面对你生命一路走来的旅程，不管是好的还是坏的生命情境，能够在毫不逃避的情况下认真地研读。人们总是对自己的成就和荣誉乐此不疲，对不想要的情绪、事件和记忆无意识地不去面对，而压抑成为一种负荷和模式。我看到为数不少的领导者本来可以承担更大的责任，却在某一种模式中反复跌倒，无法达到自己想要的高度。原因在于：不是内省反思而是逃避或抱怨他人。只有同时接受自己的光明面和阴暗面，才是接受自己；只有接受自己，才能领导自己；只有领导自己，才能领导他人！

作者深深地相信领导力和所有其他能力一样，可以后天习得。这不仅对个人如此，对组织也是如此。未来企业之间的竞争，在于构建强有力的领导力的竞争！我们用基于《领导力》一书开发的领越®领导力体系，帮助各种体制的企业，发现高管们都表示这套体系大道至简，沿着富含内在逻辑的以身作则、共启愿景、挑战现状、使众人行、激励人心五种习惯行为的脉络，受到很大的启发，非常系统地反省自己，反思组织，更有使命感地去践行领导力，让身边的人和组织越来越好。这些企业有行业的龙头老大、重新焕发青春的央企，如中国电信、中国银行；有白手起家的民营上市公司，勇于挑战传统巨无霸，如永辉超市、齐家网；也有行业细分排名第一、锐意进取的跨国公司，如资生堂、哥伦比亚户外等，我们通过1~3年的项目设计和执行，采用适用于高管快节奏、重绩效等特征的学习方法论，以LPI360度测评为始，工作坊、一对一教练、内部私董会和企业创新项目为领导力发展的四大支柱，最后以360度再测作为整个项目的数和量的总结。

"领越®领导力工作坊"是基础，根据企业面临的挑战，结合领导力胜任模型，量身定制领导力课程，让学员聚焦于当下核心的领导艺术；"高管一对一教练"帮助学员增加觉察和承诺、发挥最大潜能，在达到绩效的同时提升领导力；"企业创新项目"让学员在非日常的领域里寻找企业增长和提升的机会，跨部门整合资源，创新引领未来；"内部私董会"偏重解决现有的挑战，培养全局观，增加协同力，亦可为"创新项目"提供支持。这四大支柱形成有机体系，互为补充，克服了单一学习方式的局限性，如只是工作坊或一对一的教练。这样的组合拳与公司的发展紧密结合，层层深入，相互映照，相互督促，大大促进了个人乃至组织的领导力发展，奠定了企业的核心竞争力。并且这些提升是通过再次的 360 度无死角测评，也就是大数据来体现的。

传承两位作者 35 年研究领导力的精髓，辅以体系化的学习架构来落地执行，总结多年来领导执行的项目，企业收益共性的部分大多有三：

第一，重新梳理和传导公司愿景，愿景不是绩效目标，愿景传导不是贴在墙上讲一次就够的。怎样让员工从埋头做业务，变成由使命和理想驱动。这不仅仅是某一个人的使命和理想。

第二，在每个人职业生涯的起起伏伏中，也许正在冲锋陷阵，也许正陷入职业瓶颈，都能找到定海神针——内在深深的动力源泉，明确了哪些方面需要持续努力和关照的。

第三，在企业高层中，能用统一的"领导力语言"进行沟通，震荡同频，彼此支持，共同应对各类挑战。所谓通过强化、磨砺、提升、赋予动机和渴望，同时伴随实践、反馈、榜样和教练，每位高管都可以带领团队攀登高峰。

也许正因为有这样的好评和收益,付豫波女士和刘露明女士才积极推动本书的再版,嘉惠更多的选择卓越的企业和个人,非常感谢她们的慧眼和支持!

本书的翻译团队由曾在企业担任高管的领导力发展专业人员组成,书稿翻译由李云燕女士、崔音女士和我共同完成,全书由我审校。书中的亚洲各个国家的人名,由于原文是英文,即使很多案例的主人有中文名字,我们也只能按英文音译过来,可能与真实中文名有出入,敬请谅解!

由于译者水平有限,书中错误在所难免,敬请读者批评指正。也欢迎读者把读后心得和运用领导力五种习惯行为的成功案例通过邮件与我们分享。邮箱为:wenfang.chen@newageleaders.cn。

陈文芳

今时代领导力发展机构创始人

领越®领导力高级认证导师

全球 CEO 发展机构伟事达首位华人女性总裁教练

&2016 最佳中国教练

写于上海

目　　录

第 1 章　当亚洲领导者成为最棒的自己 ⋯⋯⋯⋯⋯1

"领导力" 在全球 ⋯⋯⋯⋯⋯⋯⋯⋯⋯⋯⋯⋯ 4

卓越领导五种习惯行为 ⋯⋯⋯⋯⋯⋯⋯⋯⋯ 7

五种习惯行为成就卓越 ⋯⋯⋯⋯⋯⋯⋯⋯⋯ 18

第 2 章　以身作则 ⋯⋯⋯⋯⋯⋯⋯⋯⋯⋯⋯⋯21

通过共同价值观找到承诺：价值观如何指
引我们敬业 ⋯⋯⋯⋯⋯⋯⋯⋯⋯⋯⋯24

教导价值观：通过教导和行动确认共同
价值观 ⋯⋯⋯⋯⋯⋯⋯⋯⋯⋯⋯⋯⋯29

说到做到：艰难时刻的以身作则 ⋯⋯⋯⋯⋯35

直面重大意外：以共同价值观去领导 ⋯⋯⋯⋯38

用彻底贯彻执行来教导：与价值观一致，
构建信任 ⋯⋯⋯⋯⋯⋯⋯⋯⋯⋯⋯⋯41

实践：以身作则 45

第 3 章　共启愿景 47

展望更好的未来：在危机中展现机会...............51

找寻共同目的：让他人在愿景中看到自己 57

诉诸共同愿望：让他人看到共同愿景如何服务

　于自身利益 62

倾听，学习，贯彻到底：用利益连接以吸引

　他人 67

实践：共启愿景 72

第 4 章　挑战现状 75

鼓励他人的首创：让他人领导和学习成为可能...80

做个主动学习者：从错误中学习宝贵经验，寻

　找更好的方向 84

接受教练辅导：从他人经验中学习...............88

寻求建议：具备寻求帮助的勇气 92

实践：挑战现状 100

第 5 章　使众人行 103

建立信任关系：对他人表示关注和兴趣 107

信任先行：让他人感知你的关心，从细微处

　做起 111

发展合作目标：能交朋友就能领导团队 116

欣赏彼此的差异：站在他人角度看问题改善

关系和绩效 121

实践：使众人行 127

第 6 章　激励人心 133

期待发挥最佳水平：相信他人的能力和小小的

姿态能使奇迹发生 137

明确期望和目标：奖励进步需要制度体系和庆

祝活动 142

表示欣赏和感激，或拿自己的成功去冒险 147

表达关爱：学习如何欣赏他人的工作 151

实践：激励人心 154

第 7 章　创造不同 157

你是自己组织里最重要的领导者 160

领导力是学习到的 162

首先，领导自己 164

领导力是一种选择 169

译者跋 173

第 1 章

当亚洲领导者成为最棒的自己

以身作则

共启愿景

挑战现状

使众人行

激励人心

你是一名领导者，你能创造与众不同。

不管你来自哪个国家，你的头衔是什么，你在哪个部门工作，你都可以在自己的岗位上创造与众不同。你可以让员工感到"爱公司如家"，并知道如何高效地工作，最后带来他们个人与组织的共同成功。

> 你是一名领导者，你能创造与众不同。

你如何做非常重要。听听王凯琳是怎么说的，这位IBM前全球副总裁，亚洲职位最高的女性，在美国和亚太地区工作超过25年，现任三家在中国的跨国企业董事。她说："谈到领导力，这不是讲领导者的个性，而是这个个体作为领导者是如何表现的。"这正是在我们30年来的研究中被证实的。领导力不是关于你的职位、性格、权力、资产或家庭传承，而是你在与他人关系互动中如何表现的。

不管是英文还是中文词典，当你查"领导"这个词时，它的意义是相同的。在英文中，"lead""leader"和"leadership"来自同一词根"leden"，意为"去执行，去旅行，去指引"。当你看中文"领导"两字的释义时，你会发现"领"是带领人们向前,"导"是指引他人,领导是带领人们去从未到达的境地。两种截然不同的语言却有着如此相似的定义。其核心是说明领导力是指引人们踏上征途,去从未到达过的境地的一种能力。这一路上你怎么引导他们,你做些什么去引导他们,对于你和他们的成功都是至关重要的。我们在这本书里要讨论的是:你如何有效地引导他人,让卓越超群的事情发生。

尽管本书是讲述领导者和领导力的,但是领导力不仅仅是领导者一个人的事。领导力的执行与完成不是一个人的独角戏,不能一人包揽所有的事。没有一件卓越超群的事是由领导者一个人完成的,从来没有!领导力从来都是团队的演出。让组织正常运作,让你和你的组织成功,取决于你和平级、下属及其他核心伙伴之间的关系。太多经理和高管之所以经历失败的领导,不是他们的愿景和战略不清楚或偏离方向,也不是他们在具体领域里的能力不够,恰恰是因为他们不能与他人构建合作关系,引领大家一起成功,是因为他们没能激励他人为共同热爱的事业而奋斗。在本书中,你将看到作为一名领导者如何与他人一起工作,如何让每个人释放出自身的领导力。

"领导力"在全球

一位我们曾经研究的对象，他这样描述自己："印度尼西亚的广东人，持德国护照，在捷克为一家墨西哥公司工作。"他一人就代表了五种不同的文化。现在有一种学派说，你必须在不同国家用不同的方式领导。如果真是这样的话，这位领导者就要学习五种不同方法去领导。这对任何人来说都是一项几乎不可能完成的挑战，而且完全没有必要。

领导程序是普遍的、通用的。

当我们敏锐地关注每件事、每个人和每个组织环境时，我们注意到全球化的一个最有趣的结果是对领导力的研究确实增加了，研究其在不同文化、不同环境和不同人群的相关性和有效性。事实上，专家认为全球经理人"需要超越文化界限的通用有效的领导力理论和原则"。技术驱动、全球产业和供应链、无边界的市场和货币、无处不在的沟通和社会媒体平台，以及很多其他因素，都对领导力、管理和组织的趋同和谐贡献着力量。尽管特定的

应用可能是基于特定环境的，但领导程序是普遍的、通用的。文化对领导很重要，但没有普遍想象中的那么强有力。来自亚洲的全球领导者印证了这一观点。西门子超声（Siemens Ultrasound）的金大卫回应了王凯琳的观点："不管你管理人还是不需要你管理人，每个人都是领导者，头衔不会造就一个领导者，让你与众不同的是你的行为方式。"类似地，马来西亚吉隆坡的 ICLIF 领导力和治理中心的 CEO 拉吉夫·潘西瓦表示，不管他在世界的哪里，他的"领导力风格从来没有改变过"。他说："那种认为世界上不同的人需要不同的激励方式，特别是在亚洲，领导者须视来自不同地方的人而表现出不同的领导行为的观点是错误的。我曾在三大洲的八个国家领导和带领团队，我发现事实正好相反。不管你在哪个地理位置，哪种文化背景下，能驱动人们高度敬业的领导者是人性的、普适的。所以，无论你在哪里，伟大的领导力看起来都是相同的。"

> 头衔不会造就一个领导者，让你
> 与众不同的是你的行为方式。

在如何发展领导者方面，这个观点也得到香港免税品集团（DFS）学习与发展全球副总裁兼首席学习官麦克·欧苏瑞的认同。香港免税品集团有个培养经理人的领导力发展项目，在全球不同地方培养方法并没有太大不同。为什么呢？麦克说："人终究是人。"比妮菲化妆品（BeneFit Cosmetics）CEO 祥安卓·罗格奥特也曾在亚洲、欧洲、北美洲和南美洲领导过跨国企业。他告诉你"笑声和乐趣对一家公司的基因很重要"，这个结论在哪里都通用。罗格奥特认为对于什么叫"乐趣"在不同地方有不同的认定，但他坚持说只要在地球上，领导者就应该考虑在他们的公司营造"笑声和乐趣"场。

我们的研究也证实了上述高管们的观点。来自亚洲国家（中国、印度尼西亚、日本、韩国、马来西亚、菲律宾、新加坡、泰国和越南）的超过 26 000 位人士回答了关于工作场合承诺和投入程度的一系列问卷。此外，他们也提供了自己和组织的地理位置信息，以及他们的管理者像领导者一样行事的频率。数据结果惊人地显示出：他们的经理人发挥多少领导力，他们对工作的承诺和投入就有多少。其他因素，如他们的年龄、性别、教育背景、职位、职责、工作年限、公司规模和行业统统加起来对人们感受工作场所的影响仅占 0.5%。管理者的行为方式是否具备领导力对这一感受的影响占 32%，这些亚洲经理人如何表现出领导力的特质，比任何其他个人和组织特征不止重要 60 倍。

卓越领导五种习惯行为

领导力不是关于你是谁，你从哪里来，而是你做了什么。记得王凯琳说过："这完全是与领导者的行为相关的。"

所以，领导者究竟做些什么呢？

> 领导力不是关于你是谁，你从哪里来，而是你做了什么。

领导者做哪些事可以对他人的生活及他们的组织造成积极影响？

在过去的 30 年中，我们问全球不同地方的人，倾听他们作为领导者的最佳状态。至今，我们已积累了 5 000 多个人的最佳状态故事，结果是显而易见的。首先，每个人都有故事可讲，这本身已经说明领导力适用于每个人。其次，当人们描述他们最佳状态的时候，他们讨论行为和流程，而不是背景和性格。所以领导力是可以观察的流程和一系列可明察的行为。最后，这些人讲述的故事看起来相同性大于差异性。不管这个故事背景是在亚洲、非洲、欧洲、北美洲还是南美洲，我们的发现是持续统一的。

尽管每项领导力实践都是独特的，但是每个案例中的领导者都遵循了一定的模式，我们把它称为卓越领导五种习惯行为。这五种习惯行为是：

- 以身作则

- 共启愿景

- 挑战现状

- 使众人行

- 激励人心

这五种习惯行为可以在亚洲运用吗？可以在亚洲的组织中，在领导亚洲员工时，被亚洲裔领导者（或者非亚洲裔）使用吗？对这一系列问题的回答都是肯定的。在本书中，你可以发现充分的证据，你可以读到真实的亚洲领导者讲述他们在工作中是如何运用五种习惯行为使他们成为追随者钦佩的领导者的。

在后面的各章中，你可以发现对卓越领导五种习惯行为更深的洞见，以及实践后发生的不同寻常的事情。这里仅仅是个梗概，表 1.1 列出了卓越领导的五种习惯行为和十大承诺。

表 1.1　卓越领导的五种习惯行为和十大承诺

以身作则

1．明确自己的价值观，找到自己的声音

2．使行动与共同的价值观保持一致，为他人树立榜样

共启愿景

3．展望未来，想象令人激动的、崇高的各种可能

4．描绘共同愿景，感召他人为共同愿望奋斗

挑战现状

5．通过捕捉创意和从外部获取创新方法来猎寻改进的机会

6．进行尝试和冒险，不断取得小小的成功，从实践中学习

使众人行

7．通过建立信任和增进关系来促进合作

8．通过增强自主意识和发展能力来增强他人的实力

激励人心

9．通过表彰个人的卓越表现来认可他人的贡献

10．通过创造一种集体主义精神来庆祝价值的实现和胜利

❑ 以身作则

当穆迪分析（Moody's Analytics）（香港）的高级市场官员赖奥薇谈到她的个人最佳领导力实践时，她说："对于我来说，要成为领导者，重要的是要定义自己的价值和原则。如果我不清楚自己的价值和对自己的期望值，我怎么能够对他人设置期望呢？"在领导力的征途上第一步就是澄清价值。这意味着你必须发现自己的声音，清晰、精

准地为你的价值赋予声音。就像那些个人最佳状态的案例，领导者应该为他们的信念站出来，所以领导者必须先有信念。但这并非意味着只有领导者的价值是重要的。领导者不仅代表自己，还代言和代表着更大的组织，所以你必须坚信共同的价值、宣言、原则和想法。

> 要成为领导者，重要的是要定义自己的价值和原则。

滔滔不绝地谈论共同价值观远远不够，领导者的行为比语言更重要，行为反映出领导者是否认真对待了自己所说的话。言行必须保持一致。卓越的领导者会使行动和共同的价值观保持一致，为他人树立榜样。他们通过每天的行动来表明自己正在为共同的信念和价值而奋斗。沃尔玛（中国）商业战略和创新的高级经理张佩妮认识到："我必须先改变自己，让别人看见我的变化，然后他们才知道如何来跟随。"

江宛·马杰提是安进公司（Amgen）的研发经理，对于这一点，他的观察和体验是："通过自身的榜样行为来领导，比通过命令来领导有效得多。如果大家看到你工作很努力，那么当你提倡努力工作的时候，他们就更可能听从你。确实，证明一件事情重要的最好方式就是你亲自去做，树立一个榜样。"就像江宛发现的一样，领导他人就是每天活出共同的价值观。毕竟，人们只会相信值得他们信任的人发出的号召。

> 领导他人就是每天活出共同的价值观。

共启愿景

当我们的研究对象向我们描述他们的最佳个人领导经历时，他们讲述的，总是那些为组织描绘了一个激动人心、富有吸引力的未来时刻。卓越领导者很自然地讲述组织的独特性，让其他人因成为卓越组织的一部分而感到骄傲。卓越领导者善于展望未来。事实上，我们的研究数据表明，专注于未来是大多数领导者区别于一般个人贡献者的特征。

> 卓越领导者善于展望未来。

最佳领导者同时明白，他们个人对于未来的观点不是最重要的，组织中追随者的梦想才是最重要的。范依莲是强生（中国）有限公司的品牌经理，她解释道："你必须明白你的追随者的需要。我从来不认为领导力是单向的。如果你只做你想做的，就不会成为一个长久的领导者。你必须照顾到追随者的需求，否则你就不能领导任何人。"你要去了解他们共同的想法，把大家的动力和士气提升到一个更高的水平上，持续地加强传递这样的信息：他们可以创造不同！

卓越领导者知道他们不能强求承诺。他们必须通过描绘共同愿景来激励他人。正如来自谷歌的产品经理拉吉·帕杰派指出的："你必须在脑海里有个愿景，知道它为什么对你重要。同时，你要清楚为什么这个愿景对于追随你的人同样重要。"微软系统网景的项目经理鲁巴·罗尔在经历他的最佳领导力实践后认识到，你一定要从追随者的内心了解他们的需求和兴趣。"你要有清晰的目标和愿景去创造积极的结果；你要跟他们分享你的愿景，并让他们相信这个愿景。"当你向追随者展示这个梦想是共同的梦想，是如何满足大家的共同利益时，大家才会形成一致的目标。当你表达对愿景的激情和兴奋时，其他人的激情才会被你点燃。

☐ 挑战现状

挑战是成就伟业的熔炉。当领导者达到最好状态时，人们就开始意识到他们一路上克服了很多不确定性和恐惧，不断地追求以达到最好的境界。当吕玉回顾在香港麦克米兰（Macmillan）出版社的经历时，她说："我学习到，在任何情况下，当事情不能恰当地发展时，不能只认为'这事就这样了'。事实上，那里有很多闪耀的机会给那些有创意的人。"就像吕玉，没有人坐在那里等待命运天使微笑着降临到他们头上，每个人的领导力最佳案例都包括主动改变现状这一点。

挑战是成就伟业的熔炉。

SnapLogic 的高级技术招聘官缇芙妮·归岩是这么解释领导者的："要永远想方设法地提升自己和团队。例如，在工作之外寻找乐趣，保持对竞争对手的了解，拓宽社交网络，主动尝试和学习新的事情。"因为创新性的变革来自尝试而不是等待，卓越领导者通常在他们和组织之外寻找新的可能性，以及他人未能看到的不同做法。他们孜孜不倦地追求创新、成长和进步。

> 创新性的变革来自尝试而不是等待，卓越领导者通常在他们和组织之外寻找新的可能性，以及他人未能看到的不同做法。

卓越领导者勇于实验并承担风险。生命是领导者的实验场，卓越领导者使用它进行尽可能多的实验。为此，他们启动了持续学习的程序。但是，有时候人们会抗拒变化，害怕承担风险，所以领导者会采取渐进的步骤，用一小步一赢来应对这些抗拒。印度的维卡·杜帕蒂被要求去带一个技术发展队伍，他认识到，他需要把任务分解，让他人觉得简单从而感觉容易成功。他学习了用一小步一赢的方法来带领个人和团队向前的价值，尽管有时形势很严峻，但这种方法依然激励他们不断向前。尝试，失败，学习；尝试，失败，学习；尝试，失败，学习——这就是领导者的"圣歌"。领导者持续从自己的行动中学习，特别是当事情发展并不如他们所期望的时候。领导者从失败中吸取教训，从成功中学习经验，这也给他人提供了学习的机会。

☐ 使众人行

单靠一个人的力量，非凡超群之事无法实现，它需要团队的努力。"不管领导者多能干，"中国南部特许管理会计师协会的区域主管潘艾瑞解释道，"没有团队的共同努力和由此形成的合力，任何一个人都无法完成任何一个大项目。"领导者通过促进合作和构建信任，来动员所有的项目参与者。在菲律宾联合银行的助理副总裁安娜·阿波缇的早年职业生涯中，她学到了："要构建合作，你必须下放责任，允许别人有机会来承担责任。通过委以重任，你要让他们知道你信任他们，你相信他们可以做到。"

卓越领导者也通过加强下属能力让下属知道，他们是有能力来兑现承诺的。你必须让下属感觉到他们是有实力和能力的。香港和澳门思科的董事总经理芭芭拉·赵解释道："领导者有责任引发他人最好的一面。"这包括聚焦在"发展他人"，通过服务满足他人的需要，而不仅仅是你自己的，以此构建他人对你的信任。共建香港（Co-Creating Hong Kong）的创始人罗瑞娜·考盆非常庆幸自己在项目中信任他人，同时学习到："如果要他人信任自己，先要信任他人。"越多的人信任你，越多的人相互信任，项目参与人员就越能承担责任，引导变革，让组织生机勃勃，动力无限。

> 领导者有责任引发他人最好的
> 一面。

通过构建人际关系，并且有尊严地对待每个人，领导者可以让人们最快地知晓事情的发展进程，以此来发展信任和表达尊重。当人们感到是被信任的，又能得到授权和获取信息去推动事情发生时，他们就愿意施展他们的能量，创造非凡的成果。

❑ 激励人心

攀登顶峰的路程艰辛而漫长，人们会感到筋疲力尽，充满挫折，不想再往前走，产生放弃的念头。新加坡埃森哲咨询 IT 战略和转化部的咨询师付奕在谈到如何真心地关心大家努力前行、做一个好领导者时说："需要的仅是简单地享受感谢他人的过程，要是真诚的、当下的；享受跟团队在一起的时刻，微笑着感谢他们。"这种说法也得到储威生的赞同。他是中环公司（Ring Central）的项目经理，在讲述他的个人领导力最佳案例时说："要保证亲自去感谢团队中的每位成员，感谢他们对项目的真诚贡献。"在开每季度例会时，储威生说："让团队感到荣耀，不仅要表彰我们取得的成就，还要具体说明谁参与了项目，贡献了什么。"发展一个实在有效的表彰体系，不仅能激励员工，更能增加彼此间的信任，这是整个组织未来成功的基石。

卓越领导者很重视通过表彰个人的卓越表现来认可他人的贡献。这可以是夸张的手势，也可以是简单的举动。例如，写一个感谢便条，而不是发一个邮件，这可以让人觉得真正地被感激和看重。来自雅培的高级生产工程师说："当团队成员被感激和认可时，领导者得到的回报是团队成员对工作的承诺大大加强，追求个人的卓越性也会得到提升。因为他的名字与这个项目联系在了一起。这也会增加他们的归属感，让他们感到自己是一个优胜团队中的一员。"

卓越领导者很重视通过表彰个人的卓越表现来认可他人的贡献。

你工作的一部分是要表彰人们的贡献，在组织中创造一种庆祝价值实现和胜利的文化氛围。虽然表彰成员时总会有很多欢乐和游戏，但表彰不一定要通过娱乐和游戏进行。它也不是一个敷衍的庆祝会，而是用于培养同事间感

情的机会。新加坡富士施乐的董事总经理王博特说："这是有关人的事情，必须紧紧围绕着人来做文章。"激励人心是一件严肃的事，你要通过行动把奖励和业绩联系起来，并保证让大家看到所表彰的行为与企业重要价值观的一致性。如果你热情而又用心地召开庆功会或表彰会，就可以建立一种强烈的集体认同感和团队精神，强化人们的奉献精神，从而使组织度过困境，创造卓越成就。

五种习惯行为成就卓越

这五种成就领导者卓越的习惯行为，在亚洲和全球范围内引起了广泛的研究，研究聚焦于人们究竟做了些什么来带领他人走向卓越。结果非常清楚地显示，当越多地实践习惯行为，非凡超群的事情就越有可能经常在你周围发生。我们也发现，所谓最好的公司，是无论职位高低，每个人都被鼓励着像一名领导者那样去行动。这些公司不仅仅认为每个人都可以创造不同，更重要的是，他们持续地采取行动去发掘员工的才华，包括他们的领导力。新加坡信息通信发展署员工发展和敬业部总监陈福可解释在这方面他们是如何做的："我们着力于构建一种组织和文化氛围，让每个人都觉得他们是领导者，无论他们具体的职位是什么。我们感恩每个人的贡献，对组织的影响力，这甚至成为一种传承。"

> 我们着力于构建一种组织和文化氛围，让每个人都觉得他们是领导者，无论他们具体的职位是什么。

在接下来的各章中，你会遇见很多真实的人，他们跟你分享五种习惯行为中的每种他们是怎么实践的。这些故事或者来自他们自己的最佳领导力经历，或者来自曾经与他们一起工作的令他们非常景仰的领导者。故事都来自亚洲，每个故事都给这个重要的、成长的和多元文化的世界中领导力的重要性带来强有力的声音和实证。同时，这些案例证实了我们在全球 30 多年的领导力研究。

你读到的这些故事来自亚洲的各个地方和组织的各个职能部门。他们大多是在香港科技大学读 EMBA 的学生提供的。这些领导者非常敞开地分享自己，分享他们的领导和组织在五种习惯行为方面的经验。作为对他们真诚的回报，我们同意隐去他们的姓名和他们撰写的其他人的姓名，但故事都是真实的。

在每个故事的开头，我们都加了一小段介绍，说明故事的领导力体现在哪里。结尾时，我们总结了从故事中学到的知识点。每章结束时都有一个概要，从这些故事中总结你如何可以成为一个更好的领导者。最后一章，我们来看看如何持续成长，发展自己的领导力，并且需要做什么去提升周围人的领导力。

第 2 章

以身作则

职衔来自外部赋予，领导力则需要努力赢取，你的行为将为你赢得尊敬。

来自全球的领导者都告诉我们，领导意味着你自身必须是个好榜样。你一定要了解自己主张什么，然后在行为中体现出自己宣称的重要信念和原则。如果你希望获得他人的承诺，实现最高的标准，你一定要成为你期望他人所展现行为的楷模。领导者要以身作则。

为了有效地引导别人按照你的期望去做事，你一定要先清楚自己的指导原则，要明确价值观。作为摩根士丹利在香港的国际财富管理（International Wealth Management）总裁，查尔斯·马克做了如下阐述："你一定要敞开心胸，让别人了解你真正的所思所信。这意味着你要谈论你的价值观。"你一定要知道自己主张什么，什么样的信念和价值观指引着你的思想和行动，然后清晰明确地表达自己的价值观。你一定要找到自己的声音，但在明确价值观时，你不仅仅代表着自己，你所言所行无不代表着组织。想要人们真心地关注，而非简单地服从和遵照执行，围绕共同的原则和理想而淬炼出的共识必不可少。

以身作则不仅仅意味着发现和阐述共同的价值观，同时你要树立榜样，言行要一致。卓越领导者在每天的行动中时时刻刻传递出他们深深认可的信念。SSA Global 的首席工程师帕哈·塞香告诉我们："证明某事重要的最佳方法之一就是亲身实践，树立榜样。"她发现自己的行为无声地传达了她对团队的要求——"对团队所相信及重视之事承担主人翁精神"。帕哈从不要求别人做她自己都不愿意做的事情，这样产生的积极效果是："因为我总是信任自己的团队，我的团队回报以对我的信任。"例如，虽然她并不需要设计行为准则，但是通过亲身承担这类工作，她不仅表达了自己的主张，并且展现了她有多重视这项工作，以及终端用户对该项产品的期望。

在本章接下来的内容里，我们将听到来自亚洲领导者的声音和他们以身作则的故事。从他们的案例中我们看到，以身作则意味着通过直接参与和采取行动来赢得领导的权力和追随者的尊重。他们折射出不懈努力、坚定不移、高度胜任及关注细节的特质。在这些行为中，领导者以身作则的都是简单的、相当普遍的事情。最令人难忘的是这些行为显示出来的力量：陪伴的力量，与同事并肩工作的力量，通过讲故事让价值观"活起来"的力量，在充满不确定因素的环境中高度敏锐的力量，以及通过提问来激发他人思考原则与优先级的力量！

证明某事重要的最佳方法之一
就是亲身实践，树立榜样。

在本书中，所有案例均来自真实组织的真实故事。他们亲自撰写自身的故事，践行自己诉诸书面的文字。我们对他们的姓名，以及所在组织的名称做了修改或者隐去以保留最大化的开放。其他所有细节则来自领导力研究。对于这些故事，我们仅就长度与清晰度做了修改（试图保留原作者的声音）。

🌐 通过共同价值观找到承诺：价值观如何指引我们敬业

要成为受认可的领导，首先，你必须全面深刻地了解内在信念——价值观、标准、道德准则及理想，它们将驱动你前行。你要自主地抉择，然后真诚地与他人沟通。但是，当谈及价值观时，领导者不仅仅为自己代言，也在为一个群体表达承诺。因此，领导者不仅仅要清楚自己的价值观，更要在确定一系列共同价值观后与他人达成共识。在接下来的故事里，我们会看到明（Ming）

如何明了自己的价值观，理解他人的价值观，并将二者统一起来。在共同价值观的影响力方面，我们有些有趣的事例。我们看到领导者怎样建立共同的价值观，以及言行一致后的强大力量。我们也看到当领导者言行不一致时，追随者不仅会感到疑惑，更会产生被背叛的感觉。

领导力的第一步是向内看。为了有效地领导团队，你要了解团队的价值观，肯定这些价值观，并且在他人面前表现出来。但是在能够做到这些之前，你要通过明确自己的动力和道德罗盘来了解主导自己的价值观是什么。

领导力的第一步是向内看。

从表面上看，探寻主导自己价值观的想法并不特别困难，挑战在于，我们有多坦诚真实地面对自我，愿意花多少时间和精力投资在这项练习上。我能从自己第一手的经验里去肯定这样做很值得。我已看到，了解自己能帮助双方理解个人目标与团队目标的一致性。强化的共同价值观会强化整个团队。

我有过明确价值观的亲身体会，那是在辅导四名大学生参加一项关于社会企业竞赛活动中体会到的。我的角色是就如何创立一个企业提供实用且专业的建议和衡量标准，所以了解他们参加此活动的原因对我来说很重要。尽管他们的参与只是课业要求，但是很明显，除了挣学分，还有其他一些因素推动着他们。

在第一次活动中，我把时间花在了解团队上，并以提问的方式来了解他们的兴趣所在。尽管这些学生没有丰富的工作经验，但他们都表达了一个坦率的信念：创立一个既能给股东带来利润又能在亚洲给当地社区带来积极影响的公司是可能的。他们表达了利他主义、开放思维、个人诚信及独立等方面的价值观。他们的思路是开发网站，去寻找并管理善款捐助，为亚洲的贫困中学生设立一个大学教育基金。

当探寻价值观是否一致时，我和他们分享了创立自己公司的愿景，它将是面向小微企业提供品牌和战略咨询的公司。并且，在初创阶段我不仅在确定利润模型上花了很多时间，更在界定我们希望合作的客户、员工及供应商上花了很多心力。有三个因素尤其重要：①确定公司背后的价值观；②与关键股东确认价值观；③找到榜样，迎头赶上。

我花了第一次活动的所有时间来了解这些学生，并且与他们沟通并展示自己的信念体系。结束时，我们非常清楚有了共同的价值观，并希望在他们的这家社会企业里培育类似的文化。

明确价值观让我们每个人保持同步，但要真正建立信任，卓越领导者要在组织内肯定共同的价值观。这个事例展现了确认共同价值观是导向成功的坚实基础，另一个事例说明了当价值观遭到背离时的后果，即当价值观与行为不一致时发生了什么。

我曾经为李小姐做过咨询，她在工作上表现极好，总是在绩效评估中得高分，却和她的老板——金先生的工作关系非常不融洽。李小姐安静内向，工作勤勉，喜欢关注并管理好自己的下属，将任务完成。李小姐相信用诚实、忠诚和正直可以维系职业化的工作环境，她对参与办公室政治没有任何兴趣。金先生从来没有花时间和精神了解过李小姐的信念，甚至完全忽略，他的行为侵犯了李小姐的每一条核心价值观。

尽管金先生在工作上高度依赖李小姐，但他经常公开地在公司领导层面前以贬损李小姐和她的团队的方式来提升自己的地位。尽管李小姐花了很大精力与她的老板据理力争，但金先生总是拿着她的成绩去邀功，而且只要项目进度延后或者出了任何差错，他就会很快地责怪李小姐。李小姐有一种被背叛的感觉，同时感到困惑，因为她的老板会给她正面的绩效评估，并增加她的薪水。然而，他的行为与此不一致并且不可捉摸。最后的导火索是金先生招聘了一个下属，对方与他保持着婚外情。这桩桃色事件没做好保密工作，很快就成了大家茶余饭后的话题。李小姐对此感到相当厌恶，以至于她辞了职，换了一家公司。在她跳槽之前，我和李小姐谈过一次。我发现她对于任何继续留在这家公司的方式都无兴趣，因为这些都与她的价值观背道而驰。最后，李小姐追随自己的良知，加入了一家老板和她价值观一致的公司。

具有讽刺意味的是，李小姐前任雇主有一整套价值观和行为规范发放给所有员工。她的经历揭示出，尽管将价值观诉诸书面和与他人沟通很容易，但诉诸实践并肯定它们在相当程度上是另一回事。尽管许多公司都采纳通用价值观，但当价值观信息空洞和缺乏信服力时，员工是可以辨识出来的。这意味着员工自己负起找到与自己持相似价值观体系的主管的责任，而不是坐等冲突的到来。这意味着以身作则是通过行动及个人化共同价值观来展现的，你的团队应该被你所做而非你所说的来激励。

这两个故事告诉我们，一定要寻找与自己价值观一致的领导者。你可以在行为中寻找信号，确定他们所做的与他们所说的是否一致。没有比在危急时刻自己展现这些价值观能更有效地教导追随者的了。如果你教导他人遵循这些价值观，当他们身处道德灰色地带时，就能够引用你的事例作为指引。领导者的挑战在于，使用自己的价值观体系来执行并信守承诺。领导者通过确立自己的价值观，确认共同的价值观，个性化地发展这些价值观，并通过鲜活的例子亲身展现这些价值观来实现以身作则。

> 领导者的挑战在于，使用自己的价值观体系来执行并信守承诺。

教导价值观：通过教导和行动确认共同价值观

人们不能在不清楚的情况下实施价值观和标准，也不能在骨子里不同意的情况下承诺共同价值观和标准。这就是为什么对于领导者来说，确定共同价值观并且明晰共同价值观是重要的。但是在确认共同价值观后，如果你觉得有必要修改一下价值观和标准从而使组织运转得更加高效、员工更加敬业的话，你并不一定要投赞同票。然而，这就意味着你一定要教导追随者为什么新的准则非常重要，明确地告诉他们你会在自己的行动中捍卫这些准则，并且奖励与准则行为一致的员工。在下面这个故事里，我们将看到梁先生如何面对一套过时的准则，教导他人一套更加适当的指导准则，并为其实施承担个人责任。

对于领导者来说，确定共同价值观并且明晰共同价值观是重要的。

作为一所北美工程院校的毕业生，我从小就被培养做事要有创造性，当面对问题时，要尝试不同的解决方法。这种思维方式来自相信没有绝对的对与错，所以只要你理解工作任务的本质和问题的内在逻辑，你就能正确应用这些原则。可是当我被任命管理一家在中国香港的 IT 支持团队来实施并维护我们的必备业务信息系统时，我逐渐体会到不是每个人都认同这种理念。

最初我寄希望于能招募到和我有共同价值观的人加入团队，但是经过几轮猎头搜寻后发现，很明显这不是容易的任务。关键的挑战是，要克服文化差异。远东地区的员工更倾向于直接问解决方法，或者寻求指示，而不是自己寻找解决方案。这也许根源于他们更强调"标准答案"。通常遇到问题时，如果当事人不能解决，他们就会将问题报告给上级，或者将其转给分包商，然后就等待如何进展的指示。当有了解决办法时，也很少会有人质疑，特别是当解决方案来自上级时，因为他们觉得这就是标准答案。因为没有人问一下这样解决的理由所在，所以他们通常不理解为什么用这种方法，或者去考虑是不是有更好的办法。

在这种情况下，我逐渐意识到寻找能胜任工作的候选人会非常困难。即使真的找到这样的人，他们也不一定会有兴趣在一个公司内部的 IT 部门工作。唯一的解决方法就是教导团队认可一套全新的标准，让团队更有效、更投入地工作。

尽管这个方法可能听上去显而易见，做起来却有一定困难。首先，我对 IT 应如何执行的基础理念和团队过去一直沿用的理念有很大差异。在香港，通常 IT 运营的传统方式就是采购一个大的解决方案，摒除自己进行方案整体构想和创意的想法来规避麻烦。因此，我需要做的是确定一套新的核心价值观，保证每个人都理解到位，并且在他们日常工作中体现出来。为此，我发布了一张指导清单：

- 没有标准答案，每个解决方案必须有基础理论的支撑。

- 每个项目报告至少要有三个提案，还要有员工推荐理由和辩论证据。

- 任何不能解决的问题，必须开头脑风暴会。但是，我不会给出解决方案，只参与讨论有助于构建解决方法的基础概念。

- 在同意采购任何系统之前，必须提供样品来证实提案的可行性，以及负责人对此方案的真正理解程度。

- 优先鼓励使用公开渠道可获得的软件，因为这些软件通常要求对基础知识的深度理解。

- 鼓励试验以孵化创新。

- 为鼓励从错误中学习，只要不会再犯，可以容忍小的、可弥补的错误。

无须多言，团队的很多成员对这些理念充满怀疑，因为这和他们现行的模式相悖：存在的顾虑是，一旦有意外，拿出提案或者实施变革的人会被责问。

为了抚平这些顾虑，我需要展示给他们看，我真的相信我所确定的新的价值观，并且会践行它们。我做了如下事情：

- 动用额外资源建立实验室。员工可以测试自己的新想法，并且在现有资源的基础上做初步测试。

- 一旦解决方案或变革计划获批，我为此承担全责。如果有意外，在任何情况下，我都不会责问员工。

- 如果对现有的系统进行变动，我会和大家一起在现场观察。为了最小化对用户的干扰，我们通常都是在后半夜或者周末实施变动。我在现场给予支持，协调好所有的事情以保证项目在正轨上运行，并在需要时给予技术和管理层面的支持。

- 如果任何经批准的变动被其他部门质疑，我均承担全责。

通过这些措施，我展示出了期望别人做事的方式，并且明确了对下属的期望。我获得了巨大的成功。我的团队在用多种公开渠道可获得的软件试验测试中，提升了对构建复杂 IT 架构基础知识的掌握程度,这为公司带来了明显的收益。我的下属会更好地评估中国香港和东南亚的"咨询顾问"给出的形形色色的解决方案。这些所谓的"顾问",只不过是产品销售顾问,对产品如何在不同情况下整合却知之甚少。工作有要求时,我的团队甚至比这些"顾问"做得还好。他们在免费资源系统方面有更好的知识储备,意味着仅通过整合这些软件就能执行许多小任务,这样就节约了大量软件成本。

由于团队能够自由尝试新技术,并且将自己学到的新知识直接应用于工作,团队成员对工作满意度很高,且离职率很低。拥有一个技能出众,能攻坚克难的团队则无须聘请昂贵的外部咨询顾问,这进一步降低了 IT 部的运营成本。

当最开始与这个团队共事时,我面临着文化壁垒的障碍和胜任人才的匮乏。通过清晰界定 IT 部门的核心价值观,坚定地捍卫这些价值观,并且为团队注入我会坚定支持他们的信心,我得以克服所有的障碍。这个办法让我培养了一支技能出众的团队,他们甚至比某些外聘的顾问还出色。他们优化解决方案和提高运营效率的能力也帮助部门降低了运营成本,为保持公司的竞争力做出了巨大贡献。

说到做到：艰难时刻的以身作则

追随者总会观察他们的领导是否真正执行其所宣称的价值观。在艰难时刻挑战核心价值观时，人们甚至会更加留意观察领导者的应对。逆境给领导者一个重要的机会来教导追随者正确的行为模式。相较于顺境，逆境中员工的选择会更加明显，你的承诺也更加显而易见。下面的故事就是提醒我们在不确定的时刻要真实面对个人价值观，这是对领导者如何说到做到的最真实的考验。

> 逆境给领导者一个重要的机会来教导追随者正确的行为模式。

领导者在时世艰难时经常面临考验和挑战。让卓越领导者脱颖而出的是他们通过个人榜样展现理想，热忱投身于让公司发展得更好的精神。他们不仅要说得出，还要做得到。"说"的是他们信仰的整套价值观，"做"的是展现及沟通这些价值观。如果领导者不能亲身践行自己宣扬的价值观，他们就不能赢得团队的信任。

我曾亲历过一位在这方面做得很成功的领导。在我2009年2月加入时，他是一家瑞士私人银行的董事总经理，他用始终如一坚持的价值观在艰难时刻为我们铺筑了道路。

我们所在的银行是瑞士历史最悠久的银行之一。纵观历史，它始终是合伙制，这意味着合伙人承担无限个人责任，这种经营模式带来了在客户选择上非常保守谨慎的公司文化。2008年在中国香港建分行前，它仅有两家分行，而且都在瑞士。即使做出拓展业务到香港的决定，也花费了数年时间来调查和考虑。打动合伙人的是，他们看到了服务在行政特区内特别是在中国区域内他们的客户的潜在商机。

遗憾的是，香港办事处正巧在 2008 年金融海啸的时间开业。在接下来难挨的数月中，身处瑞士的合伙人指责我们不能完成收入目标。仅 2009 年一年时间，他们到我们办公室来了几次，表达了对我们五个人的失望，其中两个是一线销售人员，三个是支持部门人员。但是，我们在香港的董事总经理对他的团队持有坚定的信心，并在如何以身作则方面给我们上了出色的一课。

我们的董事总经理对他的工作充满热情，在加入这家瑞士银行之前，他已有在私人银行工作 15 年以上的经历。他放弃了一家大的私人银行的优厚待遇，因为他看到了这家瑞士银行在亚洲运营的巨大潜力，因而选择了成为这家银行的合伙人。

他的方法既实用又能对下属起到支持作用。经过银行界的风雨洗礼，他相信在隧道的尽头总会有一盏灯。他确信一家银行的成功来自整个团队的努力，即使是在压力下，也表达出对我们每个人都有信心。当瑞士的合伙人提出降薪甚至裁员时，他挺身而出，据理力争，保护我们的利益。他不仅维护银行和下属的利益，并且为整个团队承担起责任。这些会议结束后，他会带我们去吃午饭以安抚我们，并一遍又一遍地强调，他个人会保证，作为一个团队，我们会一起度过这次危机。这样的个人关怀让我们感到他对我们利益和健康状态的关心。

除了安慰性的言语，他还"做其所做的"。尽管他在瑞士合伙人面前为我们辩护和争取，现实却是亚洲的运营由于外界因素的影响，总是达不到既定目标。鉴于我们的董事总经理不肯让员工降薪或裁员，而缩减他自己的支出成了唯一途径。他在所有的商务出差中都坐经济舱，住便宜些的酒店。有些时候他还自掏腰包，请客户吃饭，以便将银行的支出减到最少。这一切的根源是他重视自己的员工，由此不断地告诉我们，我们是银行的真正财富。在那些形势糟糕的月份里，他也为了帮助我们达到收入目标而尽了自己最大的努力。

这位领导者表现出了真正的以身作则。卓越领导力包含个性的力量，以及在正确的时间，以正确的理由，对正确事情的坚定承诺。它意味着你要去做你说的，而当你做的时候，就是在构建领导者与团队之间的信任。

卓越领导力包含个性的力量，以及在正确的时间，以正确的理由，对正确事情的坚定承诺。

直面重大意外：以共同价值观去领导

追随者总是在观察你，审视你的行为是否与你对他人的期望一致。他们不仅希望听到"永不放弃"的重要性，如在下面这个案例中领导者所倡导的，更想看到的是，在面临重大意外时领导者会怎么做。这检验着领导者对信条的承诺。在这个案例中，你将看到领导者如何激发追随者的

动力和承诺。

我从全国区负责人瑞那里获益良多，他在坚持不懈和以客户为中心两方面堪称表率。在最开始加入这家猎头公司时，我已经是一名经验丰富的猎头顾问，但我习惯于只在自己的舒适区工作。我回避挑战度高的项目，并且容易在棘手任务的早期就打退堂鼓。例如，我对一个在全球搜寻合适人选的项目感到相当挫败，而且不知道怎么继续下去。但瑞的想法坚定，他本可以让客户修改人选的具体要求，从而让我们的工作容易些。相反，他意识到如果我们能搜寻到符合该客户具体要求的候选人，我们不仅将赢得这一单，更重要的是，争取到了一个长期客户。"不存在你找不到合适候选人这种情况。"他告诉我。我对此有两个反应，其一，这话说得太大胆了；其二，我有太多理由来推翻他。但是，我同时感受到他话语中的力量。他好像在说："我们对承担的任何项目都不能够放弃。"

之后很快发生的两件事，让我感到了他话语的价值，并且他的观点和坚持改变了我的看法。我们有个重要的全球关键客户，之前与这个客户的一位顾问合作得并不成功，致使客户没有再与我们公司合作。考虑到这是一个重要客户，所以我们必须跟进。这时瑞自己承接了这个客户，尽管这件事并不一定要他本人亲自做。他说："形势好的时候，每个人都是英雄。但是，真正的英雄是就算出了麻烦也不扔掉球的那个人。"他不仅仅是这样说的，更重要的是，自始至终地跟进，直到这个项目完成。在他做出表率后，他说的"不存在你找不到合适候选人"的观点，让我肃然起敬。

> 真正的英雄是就算出了麻烦也不扔掉球的那个人。

另一个偶然事情的发生进一步启发了我。瑞和我约好了去拜访一位重要客户。那天早晨，他的腿出了问题，突然不能动了。简单地给客户一个电话，推迟会议，这完全说得过去。但考虑到另行约会非常困难，瑞决定拄着拐杖去开会。你可以想象客户见到他时的惊讶表情，他们没想到会有人拄着拐杖一瘸一拐地走进会议室！这个意外的事情给我在坚持和以客户为中心方面上了很好的一课。

这两个例子使我在面对难度高的搜寻项目时，变得全力以赴。我觉得自己需要表现出"绝不能把球扔了"的信心。我也相信我能激发出自己的潜能，来完成挑战，更不要说我还不需要拄着拐杖来工作！最终，我们找到了合适的候选人。

总之，在这个领导力的故事里有数个启发点。这位领导者对他期望的成就有明确的愿景。他勇敢的表达让我感到其话语中的力量，但更重要的是，他言行一致。他通过自己的行为树立了榜样，让我有了一个在现实世界里真实的榜样。

用彻底贯彻执行来教导：与价值观一致，构建信任

这个事例展示了当你理解自己的价值观，并且保持行动与其一致时，可以如何建立信任。即使你清楚自己的信念，但还要用行动在追随者面前赢得信任。他们想看到价值观如何在行动中体现出来，你如何彻底贯彻执行自己的诺言。要成为一名高效的领导者，你的言行要一致。期望他人如何表现，首先要自身做出榜样。信任来自你每天所做的小事中，这些小事会告诉别人你是否投身于自己的信条。

> 要成为一名高效的领导者，你的言行要一致。期望他人如何表现，首先要自身做出榜样。

亚洲许多领导者都能做出热情四溢、振奋人心的演讲。当真正需要他们通过行为展现共同价值观时，很多人却表现不足。结果是，有追随者认为领导者的愿景遥不可及，仅仅是每年一次在公司年会上由 CEO 讲话提及一下而已。很明显，这远远不够。领导者要以身作则，坚定不移地贯彻他们所提倡的愿景和信念。卓越领导者做到了他们说了自己会做的。我就很幸运地和一位在这方面树立极好榜样的首席财务官共事过。

我的老板约翰是一个华尔街的"老兵"，经历了 30 多年的风风雨雨，在公司财务和会计方面拥有丰富的经验，其中包括在一家纳斯达克上市公司 15 年首席财务官的任职经历。约翰在财务领域是位专家，而且不同于其他很多亚洲裔的首席财务官的是，他对高科技行业也相当了解。

在他任职伊始，约翰与我和团队其他成员坐下来，分享了他个人的价值观。例如，他谈及的一个情况是人们总认为财务部扮演着支持性的角色，因而被称为"后台部门"。约翰相信如果只懂得会计和财务，只知道如何管账、如何和银行谈论财务，那么所提供的价值注定只能是做个支持业务的后台部门。他认为财务部可以承担更多的工作。对约翰来说，一个合格的首席财务官应该对公司的整体业务非常有洞见，而不只关注于管理财务。这样的首席财务官就能够在不同业务的主动提议中，对于其他部门能做什么和不能做什么，提出建设性的意见，来直接拉动业务增长。

约翰阐述了他对首席财务官的理解，以及财务部如何支持整个组织的观点。他希望自己的直接下属能够从一个更开阔的业务角度思考问题，谁也不能只关心账本。他知道，一个团队想要取得成功，所有人都要跟他的愿景保持一致。因为当他的直接下属到其他部门开会时，那个人代表着整个财务部门。

我不能说他的观点马上就让我们信服。我记得自己心里曾默念过："咱们等着瞧吧，看你怎么做。"坦率地说，我以为这可能又是一个没有行动或实质性内容的空洞演讲。但是，他接下来的行动让我很吃惊，因为他教会了我如何践行价值观,并以此肯定了践行共同价值观的重要性。

约翰带我参加了一系列和其他高管的会议，有时就是简单地教我和辅导我。他还会带我去吃午饭，询问我他的行为是否与他所倡导的价值观一致。他曾问了我一个非常重要的问题："如果不能被其他人信任，你觉得我能把事情办成吗？"我停顿下来，开始领悟他试图在告诉我的道理。

即使你是对的，也不能强迫别人按照你的意见行事，特别是当你没有首席执行官、首席财务官之类的重要头衔时。首先，你一定要获得他人的信任。约翰示范给我的就是，要先帮助对方解决一些简单的问题，然后对方才会让你承担更大的责任。对此，他做出了一个好榜样。他告诉我，在他职业生涯的早期，曾跌进一个陷阱里，虽然知道什么是正确的事，执行起来却很糟糕。随着我和约翰参加不同会议的次数增多，我逐渐对他有所了解，对通过行为肯定自己宣扬的价值观有了更好的理解。

作为一个领导者，约翰能够：①与团队一起分享价值观；②确保整个团队认同他的价值观；③抓住机会教导他人；④通过树立个人榜样来教导。从这样的亲身体会中，我获益良多。他的行动比语言更有力，这对我自己的领导方式产生了重大影响。

🌐 实践：以身作则

为了能以身作则，可以通过找到自己的声音和确认共同价值观来澄清核心价值观，并且按照共同价值观采取与之相一致的个人行动，树立个人榜样。

关于领导者如何将本章核心要义诉诸实践，要点如下：

- 领导力的第一步是向内看。挑战在于，你对自己有多诚实，投资多少时间和精力用于探寻自己是谁，自己真正关注的是什么。

- 用明确的价值观让每个人同步，但是如果想构建起真正的信任，就要在组织内部确立共同价值观。

- 你不能想当然地期望他人追随你，你首先要赢得他们的信任。

- 领导者抓住机会教导他人，通过自己树立榜样来教导他人。

- 卓越领导者要求对正确的事情坚守承诺，在正确的时间，为正确的理由而战。这意味着要执行你口头所宣扬的，然后当你再说时，它会强化你与团队之间的关系。

　　卓越领导者要求对正确的事情坚守承诺，在正确的时间，为正确的理由而战。

- 将价值观诉诸书面，与他人沟通是很容易的，但是将其诉诸实践、加以肯定就颇具挑战性了。你一定要通过行动来以身作则，个性化地展现出共同价值观。你的团队也需要被你所做的事情来激励。

- 没有比危急时刻在追随者面前展现你的共同价值观更好的教导方式了。当他们遭遇挑战时，会拿你的例子作为指引和参照。

第 3 章

共启愿景

当人们向我们谈及他个人所经历过的最佳领导者实践时，他们记录下来的是那些他们想象到的令人激动、非常吸引人的组织的未来。这同样适用于人们描述自己所仰慕并对他们的生活创造积极影响的领导者，他们都拥有明确的愿景和梦想。他们对于自己的梦想有着全然和绝对的个人信仰，并且他们相信自己有成就非凡卓越的能力。

> 梦想和愿景是创造未来的力量，而善于创造和改变的领导者是发动该力量的引擎。

每项成就、每个组织、每次社会运动都始于梦想。梦想和愿景是创造未来的力量，而善于创造和改变的领导者是发动该力量的引擎。卓越领导者能共启愿景，能够想象未来的事情如何做可以比现在更好，并描绘出令人信服的图景，让所有人看得到、理解得到。

领导者的目光跨过时间的地平线，想象着那些吸引人、尚在蕴藏的机会。他们看到激动人心、令人崇高的可能性。领导者有创造他人之前从未创造过的事物的热望，甚至在他们启动项目前，结果已经在脑海中视觉化、形象化，就好像建筑师勾勒蓝图或工程师构建模型，对未来清晰的构想推动他们前行。

　　但是，仅为领导者所见的愿景不足以创造组织层面的变动或引起公司内重大的变革。没有追随者的人不是领导者，除非这个人能把领导者的愿景当作自己的愿景，否则人们不会愿意追随他。领导者不能强迫下属承诺，只能激发他们，一定要在共同愿景下争取他们的支持。要让他人参与你的愿景，首先你必须了解追随者，并用他们熟悉的语言说话。让人们相信你了解他们的需求，并把他们的利益放在心上。

　　领导力是双向的对话，不是自言自语。为了争取支持，领导者一定要对人们的梦想、希望、渴望和价值观有透彻的了解。同样，人们需要了解为什么这个愿景对领导者很重要。陈钟妮当时担任万宁（香港最大的健康与美容连锁店）的药剂师，解释说："要向前推动一个群体，要求领导者共享愿景，有效地与追随者沟通，并展示他们自己在其中合适的角色是怎样的。"当愿景得以共享时，就会吸引更多的人，从而保持更高水准的动力，而个体化的愿景更能禁得住挑战。领导者一定要保证他人也能看到前面的图景。他们用向追随者展示梦想如何服务于共同目标的方式，锻造了一个富有使命感的集体。

领导者激活他人的希望和梦想，驱使他们看到开启激动人心的未来的各种可能性。领导者用生动的言语、富有表达力的风格来传达自己的热情，并通过表达对集体共同愿景的热切渴望来点燃他人的激情之火。无论何处，没有例外，领导者这种带来积极影响的热情富有感染力，并且从领导者传播到追随者。

共启愿景需要表达你的热情。它是让你早早起床、深夜不寐的动力。而且，如果你有一个愿景，但你无法相信地、热烈地表达，并让他人为之兴奋，那么首先这不是具有说服力的愿景。所以，你的信念和热情是点燃灵感火焰的火花。

本章接下来的内容中，亚洲领导者将讲述自己和他人如何共启愿景的故事。我们会看到一个震撼人心的愿景是怎样在危急时刻推动人们前行的，又是如何壮大和赋能领导者和团队的！如何使用共同目标来聚焦团队的努力，共启愿景又如何定位组织迈向成功呢？这些故事也展现了愿景能够提升和激励组织和人心，带给人们一些可以激发的东西，特别是在身处不确定性和逆境中时。

展望更好的未来：在危机中展现机会

　　人们只愿意追随那些能够超越今天的问题、看到更好明天的领导者。他们期望领导者能激发他人，使他人充满活力，并且对未来保持积极乐观。当领导者持有希望时，他会将希望传递给他人；当领导者乐观，特别是在未来看上去一片灰暗时，他能在混乱中更加坚定地看到激动人心的可能性。在以下案例中，我们了解到文森特，作为一位首席执行官是如何通过表达自己的愿景和积极的态度，让另一位犹豫的首席财务官信服的，且愿意为了更光明的未来冒险一试。那是因为文森特的开放、坦诚和勇气吸引了他人，他的激情感染了他人，他充分展现出了有说服力的激情是多么有力量！

　　我与文森特共事过，亲身体验到跟随着作为领导者的他，能让我相信当危机来临时我们能一起平安度过，并且完全有能力再次走向繁荣。

> 人们只愿意追随那些能够超越今天的问题、看到更好明天的领导者。

文森特诚实乐观、勇气过人、意志坚定并且充满自信，这些综合素质有助于他即使在最黑暗的时候也能看到机会。

当时，我在马来西亚一家刚起步的零售业公司任财务总监。那时公司成立不到两年，已在首都吉隆坡及其郊区开了七家零售店铺。但是，正当我们业务发展上升之时，亚洲遭受了严重的金融危机。马来西亚是重灾区之一，几乎每个行业都遭受到重创，自然也包括我们这家刚起步的公司。危机最高潮时，政府采取了前所未有的措施，对货币进行了严格的控制。与此同时，经济上的混乱还波及政坛，导致内部纷争，民众骚乱，进而社会稳定也受到了威胁。我们的业务更举步维艰，几乎失去自控能力，眼看就要濒临绝境。

坚持几个月后，一天早上我走进文森特的办公室，告诉他因为我完全看不到公司可以生存下去的希望，所以递上了辞职信。我以为文森特会为又少了一个需要支付薪水和操心的员工而松口气，但是我很快就发现他并非像我想得那样。

　　文森特让我坐下来，他说的第一件事是希望我的辞职缓一缓，并承诺当我们谈话结束时，若我还是执意辞职，他绝不勉强。我们谈了一个多小时，在分析我们当前的艰难局面时，他所展现的诚恳与真诚的态度深深地震撼了我。没有一丝的恐惧和任何放弃的念头，他坦率地承认情况并不乐观，不确定的因素也非常多。他并不是不害怕，而是保持乐观的态度。他驳斥了悲观者关于亚洲社会将会坍塌和倒退的预言，坚信商界终究会恢复到正常秩序下的状态。他说，自己会继续带领团队以求安然地度过这次风暴。他潜移默化地鼓励着我，使我开始反思自己身上的责任。他沉着冷静的态度似乎给我吃了一颗定心丸，使我即使在看上去毫无胜算的情况下，却依然愿意相信他。

　　在接下来的几个月里，文森特继续和我一起分析局势，一方面是讨论事实和数据，一方面是做我的精神导师。他说："情况没那么糟呢，我们仅仅开了 7 家店，有 100 名员工，如果我们有 70 家店，10 000 名员工，那问题岂不是更大吗？"我们讨论经济危机可能的原因和结果，所有已知的事实都指向了持续的艰难。通常我们得出的看法是即使可以爬出泥沼，也要花很长的时间才行。我记得当时自己一直认为，在这样的情况下，无法得出任何乐观的论点。

有那么一次，我自己小声嘀咕，金融危机就是把较弱的玩家清理出局，然后创造出新的机会。文森特当时的反应是立刻感谢我做了个积极的观察。这是个真诚的反应，我很惊奇，同时被他的洞察力打动。他的评论像个转换器，把我从悲观主义者转换成了一个谨慎的乐观主义者，并激发了我的信心和正向思维。从那时起，每当他在处理我们面临的挑战时，我更能对他乐观积极的想法感同身受。

也是在那个时期，我知道了汉字里"危机"两个字是怎么组成的。文森特将这两个字并排在一起一一写下来。一个是危险的"危"，一个是机会的"机"，合在一起，就是"危机"。一场危机里，你会面临危险，但是危险的环境中也蕴藏着机会。尽管四周弥漫着危险的味道，但抓住机会的最好时机就在某一次危机中。这个"领悟"给了我正面的精神能量，越过当下困难的局势去看到更好的未来。我意识到发展业务是有道理的，我更应该持这样的观点：在成功的道路上，危机往往会给我们带来更好的机会。

几个月后，行业里的几个玩家由于绷得太过而面临财务困难。同时，银行身处困境，无法提供资金帮助。形成对比的是，我们的情况反倒没那么糟糕。因为作为开业不久的公司，我们没有大额贷款用于大笔投资。这让我们有能力趁此机会，以低廉的价格收购那些很有潜力的竞争对手的公司。

在高管会议上，文森特为我们的未来描绘了一个充满希望的图景。8年内，我们会在马来西亚所有主要市镇总共开200家分店，营业额将达到10亿美元以上，利润超过1亿美元。根据店铺的数量、市场的份额及营业收入等具体的数据化的实力，跻身全国最大、利润最高的零售商。一句话来概括愿景：从新出发到成为行业领导品牌——一个量子化的跨越。这就要求我们信念上也要有质的跨越，变成一个十足的相信者、自信者。

他拿出一张马来西亚地图，在上面钉满了彩色的别针，每个别针代表着10万平方英尺或10英亩的地域。绿色别针会是我们门店的一期扩张：中心是巴生谷，新山在南边，槟城在北边。下一步的关注地域将是用橙色别针标注的，代表其他省的首府，以及人口超过50万人的市镇。最后，还有红色别针，目标是人口至少有25万人的其余市镇。他说，我们的工作是在此愿景下的集体努力。有专业人员可以提供最多的商品种类、最优惠的价格，以及令人兴奋的购物环境。我们的店铺将惊艳所有的顾客。

我们被反复地鼓励自己是此愿景的一部分，要共同实现它。虽然我不知道那时候有多少人真正相信这个愿景，但坚信愿景的感觉就如灰暗中遇到一片绿洲一样令人惊喜。一开始它只是希望，然后开始怀疑，再试探性地向前几步，当取得了一些成果时，便有了持续向前的动力。态度越乐观，情况也会越乐观！回头看，整个参与的过程真是一次宝贵的学习经验。

正如原来的预期，一年后公司出现了一个收购当地品牌响亮的小型零售连锁店的机会。如果没有经济危机，可能是不会有这种机遇的，因为大家不可能愿意无故出售自己的公司。一家没有受到亚洲金融危机影响的欧洲竞争者也一直在计划进入马来西亚市场，并非常有意向地进行竞标。但他们低估了我们的"野心"，以为本地没人能在这个艰难时刻出高价与其竞争。出乎他们意料的是，我们的出价竟高过了他们。因为这桩并购案对于我们在未来能否达成愿景起着决定性作用。如果没有对这桩关键并购案的远见，我们接下来所取得的业务成功永远不会发生。

事实证明，亚洲金融危机比最乐观的预测时间还要短得多。三年时间不到，业务就回到了正轨；五年之内，大部分公司的财务状况都恢复了正常。灰暗的预言并没有出现。我们在马来西亚的业务增长得益于 2003 年后经济的迅速复苏。到 2010 年，正如当初我们建立的愿景，我们成为马来西亚最大的连锁零售商，销售额超过 15 亿美元，利润超过了 1 亿美元，门店数量也超过了 200 家。与 1997 年开张时的 7 家门店相比，公司的业务增长了近 20 倍。

这个故事里有很多领导力和管理方面的经验，但对我而言，最关键的是文森特和我的谈话，那时候似乎一切希望都没有了，而文森特是一位导师，他展现了诚实、勇气和抱负，让我信服地看到当时认为不可能实现的却又充满希望的未来。他的愿景清晰、简单而令人震撼。他能够对将要到来的事情给出既积极又现实的观点。我感觉自己参与了一段很值得的旅行——一段在他的领导下我可以看到成功好机会的旅行。

找寻共同目的：让他人在愿景中看到自己

不仅是领导者的愿景作数，最重要的是共同愿景。在人们将自己和一个愿景统一起来之前，他们一定要能看到自己身在其中。他们一定要了解自己在哪里，在创造愿景时他们的角色是什么，以及达成愿景时他们有什么样的收获。在这个案例中，我们看到了领导者的愿景发端必须获得他人理解与支持，使他人能够以主人翁精神去承担共同愿景。通过这种方法，它变成了一个共同愿景。

你怎样将一个尚未实行电算化的中国国企转变成一个以现代化国际标准运行的企业？这就是我在 2000 年后的几年中所遇到的挑战。当时我任职的公司是一家自动化零部件供应商，公司把我派到中国西部的一家新办的合资企业（JV）去担任为期两年的财务总监。

> 不仅是领导者的愿景作数，最重要的是共同愿景。

合资企业是在我的雇主收购了一家小的国有自动化零部件供应商后成立的。我的角色是督导盛先生及该合资企业的整个财务团队，盛先生是由当地三个合作伙伴指定的财务经理。我的计划是把它从一个纯粹的记账单位转变为一个真正的财务部门，一个可以出具符合公司财务标准报告的部门。这样的转变将是戏剧性的。因为这个被遗留下来的来自国有企业的财务团队缺乏国际化的财务和会计经验，甚至以前连电脑都没使用过。因为我以前也在中国的国有企业工作过，我可以理解他们的感受。这反而点燃了我对这项工作的热情，即使要面对挑战并远离家乡，住在一个对我没有吸引力的城市，但我看到这将是我职业发展的重要一步，我也相信在那里我能做出有意义的贡献。

我的第一步是问自己准备做出哪些必要的改变，以及我期望财务部门两年后将变成什么样子。在与业务主管讨论后，我给财务团队树立了这样一个愿景：我们将从处理日常简单财务工作的服务部门成长为给公司提供及时信息、帮助公司做出市场决策的"业务伙伴"。

盛先生是我第一个与之分享这个愿景的团队成员。尽管我们的团队英文或电脑知识有限，但我鼓励他想象一下怎样可以让现状发生转变，以及他想看到我们员工未来会是什么样子。我还跟他分享了我的背景，这样他可以比较过去的我和现在的我。这有助于让他相信我们能一起让财务部门走向现代化，由此他开始树立起对未来的信心。

然后，盛先生拜访了其他公司，来了解他们的财务部门是如何工作的，这样他对自己的团队可以如何改变，以及如何与我们合资企业的其他部门互动有了更清晰的愿景。我安排了针对他的培训课程，在国际化的财务实践和怎样更有效率地带领团队两方面给予辅导。我们两个人都变得对财务团队的未来充满热情，盼望着看到这些变革得以实现。我们也都意识到，如果成功了，这将是我们两个人事业的里程碑——比任何物质奖励都好得多。我们建立了共同的目标。

下一步是将共同的目标延展到整个财务团队。我们和每个财务部门同事都做了个人访谈，更好地了解了他们的背景、关注点、优势和劣势、动力及发展潜力，而且在全公司做了详细的调研，了解其他部门是怎么看待财务团队的，以及他们希望财务部门未来如何发展。调研的目的是探究、倾听其他利益相关者的希望、梦想及愿望。汇总了所有的访谈和调查结果后，一个共同的看法浮现出来，我们起草了一份详细的行动计划。这个计划也涉及了对我们团队成员个人有意义的事，如技能培训项目和职业发展规划等。

然而，这个计划只是第一步，因为激励一个团队仅仅把目标和里程碑写在纸上是远远不够的。我们要保证每个人都承诺于愿景，这样就可以创造出令人满意的结果，从而实现共同目标。我们和团队开了几次信息会来讨论大局，以及为什么财务部门的作用如此重要。我们鼓励团队成员思考一家合资企业和国有企业财务部门的区别，以及我们怎样共同工作来创造变化。这些做法真的有助于激励团队，让他们感到自己是集体努力的一部分，可以为公司的成功做出一份贡献。

团队成员均被要求为公司下一步的行动计划提供建议，这些建议将被用于修订公司的战略，以提升服务质量并最终实现愿景。记录个人里程碑的时间表也被画出，不同的行动都会落实到个人责任上。行动计划涵盖了如何从我们的现状跨越到富有希望的未来。它描绘出了每个人在新组织里的角色，以及未来的职业愿景；同时包括了弥补差距的措施，如为适应新角色而制订的个人培训计划、系统实施方法，并与其他部门沟通我们的愿景，以及使业务流程标准化；还有定期回顾流程、反馈流程、制订降低风险的计划等。在这些全部实施三个月后，我们在报告准时性和准确度上有了显著的进步；在效率和团队士气上也有了显著的提升。一年内，整个团队完成了转变，一年半后，我晋升到另一个职位。

这段经历告诉我，激励个人和团队，完成从国有企业到现代化公司的转变是可行的。最重要的目标是，确保每个团队成员认可共同愿景，并被激励去帮助愿景的实现。

诉诸共同愿望：让他人看到共同愿景如何服务于自身利益

为了吸引有着不同背景、存在不同利益的人，领导者必须发现他们共同的愿望、目标、需求和梦想。每个人自己所看重的注定会有所不同，而领导者的工作是去发现什么因素能够把人们汇聚到一起。吸引他人方法的好坏取决于你能多有效地找到把人们凝聚到一起的因素。在下面的案例中，我们可以看到一个领导者从梅女士那里学到了什么，她在处理一个棘手情况时向他人展现共同工作的益处，不仅改变了组织，也改变了在这个国家开展业务的方式。

为了吸引有着不同背景、存在不同利益的人，领导者必须发现他们共同的愿望、目标、需求和梦想。

你怎样让他人准备好去执行复杂的，还可能有负面结果的任务？这就是一家大的软件公司的区域负责人梅女士所面对的挑战。这家公司意识到来自全球的盗版软件的

挑战成了业务增长的一个重大障碍。据业内估计，盗版率从发达国家市场的 30% 到发展中国家的 98%，当地的人们也广泛接受盗版。发展中国家的市场，将盗版视为他们发展的一个自然阶段，认为当 GDP 赶上发达国家时，这个问题自然就消失了。尽管这家公司看到了由于盗版软件带来的损失，以及将使用者告上法庭可能带来的强烈反响，但是公司依然决定组建一个新团队，通过战略渠道，如教育、游说及市场宣传等方法挽回损失。

　　梅女士是这项工作在亚洲地区的负责人，并被提名为在香港工作的区域负责人。她看到了潜在的收益，以及打击盗版和建立一个更健康的本地 IT 行业生态系统之间的联系。首先她要让本地管理层信服，并愿意在此领域投入资源。梅女士没有本地市场知识，她最大的挑战是在分公司建立一个熟知本地市场，并且有关系、有业务洞察力且能够成功执行战略的团队。她考虑到部门许可证经营模式的复杂性和业务领域的敏感度，认为内部转岗会是一个比较好的方式。然而，大部分本地雇员对此工作机会持负面态度，而且由于任务复杂，也不受以前使用盗版软件的客户的欢迎，并且可能引起媒体的强烈反响。但是她知道如果不能组成一个有能力、有经验的团队，她就没有成功的机会。让她的工作更加困难的是，她本地的团队将成为分公司的一部分，所以和她不会有直接汇报关系。

为了扫清这些路障，梅女士决定先获得分公司总经理的支持。她给他们展示了 5 年的业务路径图，以及基于打击盗版率从 1%提升到 10%而可能带来的潜在收入增长模型。在这个模型中，她展示出分公司的业务在未来数年里会显著增长，但是究竟增长多少取决于这个计划执行得有多好。而且，她展示了行业内对盗版的有力打击会通过在软件业创造更多工作机会来造福于本地社区。总经理被她的提议震动了，因为这不仅会帮助他们增加收入，也使得公司在当地政府眼中会有一个更加重要的地位。他们为这项新业务领域开始甄选强有力的人选。影响本地管理层并拥有共同目标的策略奏效了，这保证了他们初期的支持。

梅女士还组织了一个与团队外出两天的会议。在会议上，她讨论了盗版软件与本地软件业规模的关系。她拿以色列做例子，经历过盗版的显著下降后，以色列赢来了软件业的繁荣和收益的上涨。这个分享让团队意识到受盗版软件打击最严重的不是跨国公司，而是本地软件业。没有强有力的知识产权保护，本地发展商和行业就不能繁荣。为了强化建立本地软件行业，梅女士还宣布成立一个区域种子基金会，让分公司可以为自身的发展向基金会申请支持。勾画出这个蓝图后，她给了团队当地的市场数据，让他们就 5 年和 10 年计划开头脑风暴会。

经过数年，梅女士在她管理的 13 个分公司里建立了强大稳定的 13 人团队。他们的业务模型目睹了印度的盗版率从 1994 年的 79% 降到了 2008 年的 68%，而本地软件业也是欣欣向荣。从收入角度看，她的团队为分公司的年收入贡献了 15%~25% 的增长，甚至有些分公司还取得了 100% 的收入增长。

这些令人印象深刻的结果来自梅女士采取的一系列关键步骤：

1. 因为她努力营建的是一个她不熟悉的新业务领域，她首先联络了关键利益者——本地管理层，并且给了他们恰当的信息。这有助于创造共同目标和承诺，还给了梅女士一个把握当地资源的机会，由当地管理层甄选出了应对挑战性工作的团队成员。

2. 她没有把自己对业务的愿景强加于当地团队，而是帮助他们看到自己的工作和本地社区发展之间的关联，这赋予了工作更大的意义。她进一步通过从自己的预算中提供资金来帮助分公司发展软件业来强化这种关联。这种支持强化了信任，给本地团队注入了动力，即使没有汇报关系也能使团队与她紧密地在一起工作。

3. 通过列举以色列打击盗版的事例，她让团队了解到盗版软件和软件业发展之间的紧密关系，以及打击盗版的可实现性，激励团队专注于最终目标。

4. 梅女士通过与团队的头脑风暴，了解到本地的机会和挑战，这有助于发现并解决内部阻力。头脑风暴会还产生了更具实操性的本地计划，给了团队在执行层面更多自主权，让团队带着建立本地软件业的共同愿景参与计划流程，加深了他们对此业务领域的承诺。

5. 由于这是一个新创立的业务领域，团队还是对其持久性有疑虑。所以梅女士有目的地让他们制订5年和10年计划，帮助团队聚焦于长期运营的可能性，以及打击盗版的益处，这也传达了团队会长期存在的信念。

在一个新业务领域担任领导者总是充满挑战。梅女士分享共同愿景的方式除了通过关注短期收入，还激发了个人为国家发展做贡献的自豪感，还有对本地专业人士的信任，不仅为她的公司，也为当地软件行业注入了共同愿景。

倾听，学习，贯彻到底：用利益连接以吸引他人

无论领导者的梦想有多么壮美，如果他人看不到实现自己愿望的可能性，就不会自愿或全心全意地追随你。领导者必须向他人展示自己也将在未来的愿景中获益。

这要求倾听，而不只是讲述。卓越领导者必须个人承诺于愿景，但是同时他们必须仔细倾听他人的需求。在下面的案例中，我们会看到魏先生如何对追随者的观点持开放态度，能够与他们围绕转变业务的愿景达成一致。我们可以看到愿景是如何在领导者和追随者每天的行动和决定中实现的。

领导者必须向他人展示自己也将在未来的愿景中获益。

　　我从 2005 年 6 月到 2009 年 2 月服务于一家欧洲股票交易所，那时候工作给了我很多激发愿景的机会。我担任亚太业务的执行副董事，在香港工作，把情况汇报给东京的执行董事。我的任务和挑战是将这家公司在欧洲所经历过的巨大品牌意识以类似的形式转移到亚洲。在我 2005 年加入时，公司只有一个有三名员工的小办公室，支持在亚洲有业务的美国和欧洲客户。在亚洲有过培育和管理类似的美国和欧洲公司的经验，我感觉自己对如何提升公司形象已经有了一个相当清晰的想法，但是我太天真地认为这会是件直截了当的事情。

　　我的方法是做一个全面的业务审计，更好地了解收入驱动因素，同时了解增长机会从哪里来。我很快就明白了亚洲的团队不完全了解或掌握公司如何对已有客户或潜在客户进行明晰的定位。他们也几乎没有客户关系管理方面的技巧，在英国曾发生类似的现象，他们一旦和我们签了合同，很大程度上就不再理会客户。我看到了变革领导力，特别是"激发共享愿景"的需要。

　　当我一旦感到需要对业务了解多一些时，就会启动一项面对面会晤所有客户的战略，并且总带一名团队成员。当然，过程中也会面临明显的阻力，因为这并不是团队得心应手的工作。我总是希望询问客户尽可能多的问题，以便更好地了解他们为什么使用我们的产品，是否对我们的产品满意，以及我们怎样可以给他们更多的附加价值。最理想的结果是，这样的沟通能给我们带来更多收入。我的努力折射出领导力是通过言语和行为把人们联合在一起的，与所有相关人进行协调统一，沟通共同行进的方向。

例如，从我加入公司开始，每周一早上都举行团队例会，提升共同目标的意识。没人会在我们团队会议的时间安排客户会面，即使需要出差，我们也都想办法周一在办公室一直待到午饭时分。这给了我一个让沟通渠道尽可能地保持开诚布公交流的机会。我清楚地解释了我认为我们怎样可以在亚洲增长业务的想法，并且不断重申这一点。在我看来一段时间以后，80/20 法则可以应用了：我们如果将时间和精力花在能给我们带来大部分收入的大型和全球性的关系上，而不是对所有客户一视同仁，付出会更加值得。要让工作人员理解和区分哪些是支付我们很少费用却要求服务内容繁多的客户，而他们甚至很有可能无法带给我们更多的收益。我们在这方面还是比较困难的。

在我对亚洲业务做了最初分析之后，我试图用可衡量的方式展示采取新客户战略会带来新业务的显著增长，保留已有客户收入，则会带来更好的个人财务回报。我让所有团队成员都聚在香港，在公司外开了个会，会上我提出了"重大客户战略"。每个销售经理要对整个区域的数个大客户负责。他们要和客户关系专员一起为每个客户制定个性化的战略，要以详细信息作为支撑，包括如投资理念、业务模型、组织构架、报告及预算流转信息、订阅的竞争对手产品及责任人构架。我们收集齐排名前 12 位的大客户信息后，就一起工作，为每个客户制定个性化的战略，包括收入增长目标和时间表。这些客户的战略会保存在公司内网上，这样大家都能在任何时间浏览或添加信息。从前在成交区域性业务上的一个争论焦点是佣金支付及分配，因此我让团队参与了为这些客户构建佣金结构池。该客户负责人会比同事得到百分比高一点的报酬，用以鼓励他们驱动业务向前，以及培育内部协作。

重大客户战略最初遭到了一定程度的怀疑。让销售经理去做任何层级的客户管理都很棘手，因为他们认为那是在贬低自己，并且在短期内看不到这与产生佣金有任何直接的关联。类似地，客户支持专员们过去习惯了被动反应，而不是在不需要灭火之前就出去与客户会面。我们就一系列相当具有挑战的事项达成一致，确保每个人都将为收集信息和提升意识做出贡献。这也包括在我们每周例会上分享会面次数和新建立的客户联系。团队以前从来没有和当地工作经理汇报的惯例，因此不习惯亲力亲为的领导风格，而我必须对此保持敏感。

我还意识到一个高效领导者必须也是一个教育者。他必须激发并带领员工设定目标，并且贯彻到底。团队成员的每个人都有个人绩效目标，并和重大客户战略的实施连在一起，他们年底的奖金也和这方面的成功与否绑定。我鼓励团队的每个人都去参加外部培训课程，如战略销售、客户管理等，这样他们可以了解最新的方法和理念。

能让我把所有这些变革坚持到底的，就是出于我全然相信重大客户战略是驱动公司在亚洲业务增长的最好方法。因为我在其他组织中取得过成功，所以感觉在这里也能做成。同时，我需要对员工的需求和愿望保持敏感。领导力通常是关于确立新方向，帮助他人了解新方向，并激发他们愿意去实现的愿望。

我们的重大客户战略的发展和成功实施变成了一个巨大的成就。业务经历了年度两位数的增长，亚洲团队规模则扩大了6倍。

实践：共启愿景

为了共启愿景，你通过想象激动人心、切实可行的各种可能性来看到未来，并通过诉诸共同的愿望，在共同愿景内带动他人。

这里是本章领导者们总结的学习要点：

* 乐观培育乐观。对于未来乐观的总体看法具有感染性，鼓励他人也想跟随。

* 当你激发自信，鼓励正向思维，并对未来描绘出一个充满希望的画面时，你赋能于他人通过共同的努力来实现。

* 如果你能够用清晰、简单、震撼的文字来沟通共同愿景，就能够提供一个兼具乐观和现实的对待事物的看法。你帮助他人感到自己在参与一段值得的旅程，一段在你的领导下能够取得成功的旅程。

* 你必须探究和倾听你的追随者及其他利益相关者的希望、梦想和愿望，来达成对你共启愿景的一致理解。最重要的目标是，让每个团队成员都认可愿景，并有动力为实现它而努力。

- 让关键利益相关人参与进来，给他们恰当的信息有助于创造对共同目标的承诺和支持。让追随者们看到他们的工作和实现愿景之间的关系，并赋予工作更多的意义。

- 使用事例、最佳实践及其他公司的类似做法可以帮助你把愿景在团队成员眼中变得更可触摸、更具实现性，这强化了他们始终关注终极目标的信念。

- 共启愿景是将人们联合到一起，通过言语和行动向所有参与者沟通目标与方向性。实际上，领导者在通过他们每天的行动来创造未来。

- 找到你真正相信的东西是明晰阐述愿景的第一步。这让你能超越目前的种种限制，看到边界之外，去展望未来。

找到你真正相信的东西是明晰阐述愿景的第一步。

第 4 章

挑战现状

当有机会改变事情发展道路时，人们会尽最大的努力。这就是为什么在我们收集的这些最能体现领导力的故事中总会包含着挑战。这些挑战可能带来一种创新性的产品，一项前沿的服务，一条开创性的立法，一个鼓舞青少年投入参与环保项目的运动，一场对军队官僚项目颠覆性的转变，或者开设一家新工厂，创立一项新业务。无论挑战是什么，所有的故事都与改变现状有关。没有人敢说维持现状能取得个人的最好成绩。所有的领导者都在挑战现状。

所有的领导者都在挑战现状。

领导者善于探险，他们不会浪费时间而坐等机会来敲门。虽然他们在把握某些特定的机遇时，有可能确实存在一些"运气"或者"天时地利"的因素，但是领导者更多的是带领他人走向卓越，主动寻找机会并接受挑战。珍妮弗在担任英特尔预算分析员时，注意到领导者"总是寻找提升团队的方法，保持对本职工作和自身组织外的兴趣，找方法对竞争对手情况了如指掌，以及发起尝试新事物"。

领导者善于探险，他们不会浪费时间而坐等机会来敲门。

领导者是先行者。他们愿意踏足出来，进入未知。他们寻找创新、成长、改善的机会。但是领导者不是任何创新的唯一发明者或发起人。为什么这么说呢？因为现实中，创新更多地来自倾听而非讲述。流程创新更多地来自在其岗位上工作的人。产品和服务创新也多来自在一线工作的员工，这些员工经常与实验室、客户、顾客和供应商在一起。有时一个戏剧性的外部事件会推动组织到一个完全崭新的境地。所有的这些意味着领导者必须持续不断地观察他们自身和组织之外，寻找新的、创新性的产品及流程和服务。就如一家总部位于中国的跨国公司的全球财务主管王慧敏告诉我们的，卓越领导力还意味着"让他人看到高于本人职责描述之上的，并寻求改进和挑战现状的方法"。

领导者是先行者。他们愿意踏足出来，进入未知。

谈到创新的话，领导者的主要贡献是创造一种实验的氛围，认可并支持好的想法，愿意且能够挑战已有体系。从这个意义上讲，领导者不是发明者，更加精确地说，他们是早期的赞助人和创新的采纳者。

领导者清楚地知道创新和变革需要不断试验和承担风险。他们知道错误和失败是不可避免的，但是他们依然前行。他们应对潜在风险和试验失败的一个方法是累积每一小步的前进和每一小点的成就。用这些积少成多的成功，构建起的自信就能克服最大的挑战，并能加强大家对于长远未来的认同感。领导者也明白，不是每个人都能在风险和不确定的形势前应对自如。他们会关注追随者的能力，根据不同的能力来合理分配工作以应对挑战，全力以赴地致力于变革。因为，若当追随者感到不安时，领导者不能够强迫他们去冒险。

如果人们看到领导者在请他们做自己能够胜任的某项任务时，就会感到对成功有某种程度的把握。如果没有被这项工作压垮，他们会投入全部精力直至完成这项工作，而不是疑惑"我们究竟怎么解决这个问题"，进而他们能够在这段变革的旅途上继续保持浓厚的兴趣。

小小的成功最终会带来好的结果，因为它为个人和团队建立起了对某项行动使命的承诺。通过致力于找到成功完成任务的多种方法，人们能够看到自己的所作所为所带来的变化，以激励他们有所期望并积极投入。小小的成功吸引着追随者，推动他们前行，帮助人们一直在正确的道路上。

凯瑟琳·温特斯在英伟达(NVIDIA)工作时，有一次她带领员工尝试的结果并不如预期所想，她就思考了下次如何以不同方式去试验。她自我反思的心得为卓越领导者如何挑战现状并产生出色绩效提供了有益的指引："以后我会计划着去试验，从小处入手，倾听他人的意见，与他人讨论这个流程应该怎样完成，给出选择，让他们容易接受。我们要庆祝每次的成功，以此鼓励他人不断前行。"没有领导者会荒唐地奖励那些一次又一次地失败却在最后突然获得成功的人。任何关于成功的尝试都不是简单地买进足够多的彩票。打开机会之门的关键是学习。领导者总能既从失败中学习也从成功中学习，而且他们让其他人也这样做。

　　打开机会之门的关键是学习。领导者总能既从失败中学习也从成功中学习，而且他们让其他人也这样做。

🌀 鼓励他人的首创：让他人领导和学习成为可能

变革要求领导力，从高层到基层的每个人都可以驱动创新和改进。卓越领导者营造支持试验、承担风险、组织上下都学习的氛围。他们让团队畅所欲言，提出改进的建议，并进行自我思考。像我们在下面案例中所了解到的一样，有时你必须去辅导，有时你必须去帮助团队消除障碍，有时你必须鼓励队员，有时你必须允许他人失败。但你一定要坚持不懈做的是，帮助他人从中学习。

> 卓越领导者营造支持试验、承担风险、组织上下都学习的氛围。

我曾有过一次亲身体会，领导力在其中的作用不仅是帮助一名员工成长，还可以就一个紧急问题提供解决方案。那是在我职业生涯的早期，任职于巴基斯坦的一家烟草公司，我负责年度的一些最关键的品牌项目。由于新入市场的移动通信公司来挖训练有素的市场从业人员，我们的市场部经历了意外的高离职率，我也损失了负责一个重要高端品牌启动的两位项目经理中的一位。我们的进度已经严重滞后，我开始担忧我们是否能满足产品面世的日期要求。另一位品牌经理也不可能承担额外的工作量，因为他的工作量已超负荷，而且他的团队人手不足。我一定要找到解决办法，并且要快。

因为新人上岗需要时间，我们不能等继任者来补缺，于是我决定和内部甄选出来的同事紧密地展开工作。昆安是年初加入公司的管理培训生，我开始辅导他承担更大的职责。

因为我们在时间上已经滞后，所以"常规工作"的方式不能应用于这样的境况。我们必须挑战业务流程和惯有做法，才能保证跟上目标日期。因此，在这个阶段我们确定了两个优先事项：寻求机会和试验挑战。事实证明这种方法是最有成效的。

在机会方面，我鼓励昆安尝试和创新，从而找到我们可以缩短时间的地方。他必须和跨部门的团队共事，所以我建议他发挥主人翁精神，来保证我们获得其他团队的足够支持，以更顺利地向我们的目标前行。

不可避免地会有困难。昆安在组织里是个新人，有些与他共事的利益相关者向他建议，按照标准流程做。我对他的帮助是每当遇到这种情况，就不断地去挑战他。我的目标是让他练习如何解释和辩论。大多数的大公司都有类似这些陈旧的标准，这些标准需要被挑战和改变才能跟上日益变化的业务环境。

我还感到让昆安从客户期望和供应商的角度来考虑是非常有必要的。在不同的产品交付上，我们和不同的内外部供应商合作，我鼓励他去参加供应商总结会，这样他就会了解他们的优势和劣势，也可以和我们的业务伙伴建立起良好的业务关系。这有助于他根据我们合作方的能力修订我们的要求，这种方法使得我们的工作境况大为好转。

我还建议昆安和内部利益相关者紧密合作，积极参加供应链会议，这可以让我们了解产品准备的程度，能提前预见到潜在的问题。我们也和其他部门的同事合作，他们成了我们的"延伸团队"。例如，财务团队帮我们去跟供应商说明我们公司发布即期通知的预算要求和以预付方式确保所有供应商按时交付产品和服务。

虽然我们的任务远不只是寻找机会，但是我们要知道如何利用好机会。我反复鼓励昆安在风险可控的情况下去尝试新的想法，这是我认为的领导力中很重要的一点。领导者需要有足够的底气去相信开放性的思维和企业家精神是多么难能可贵，并且在他人努力攻克富有挑战性的任务却又失败时，不会因此而责罚他们。一路走来，在与昆安的互动中，我不断地践行着这条信念，以确保在里程碑任务完成时能与他共同庆祝，并认可他的成就。

在风险可控的情况下去尝试新的想法。

当事情进行得不如计划时，保证昆安不为此感到沮丧变得格外重要。因为总会有他不能完成的任务或者不能按照我们期望的方式推进的时候，我会花时间帮他厘清实施流程，并找出哪些地方是他可以用其他方式去做的，目的是让他从经验中学习。不管是达到了期望的结果，还是没有做到的时候，学习始终非常重要。

由于昆安的出色表现，我们得以按照原定日期将品牌推向市场。他不但承担了比以前大得多的责任，同时顶住了别人对他的疑虑并成功地完成了任务。作为对他绩效和潜力的认可，项目结束后不久，昆安就得到了晋升。

做个主动学习者：从错误中学习宝贵经验，寻找更好的方向

新的工作和挑战性的任务提供了尝试以新方法做事的机会。但是，如建国在本故事中与我们分享的一样，有时当你在尝试新事物时，可能已经超越了自己的能力，在过度地拉伸自己，甚至犯错误。领导者可以将那些错误视为失败，或者像建国一样，将其转换为要学习的经验。最好的领导者会选择后者。他们允许追随者犯错误并从中学习。他们知道学习是领导的卓越技能，并且当人们全心学习时，他们会获得成长和发展。有时功课是关于与他人共事的，有时是技术层面的胜任力问题。无论经验和教训是什么，为了成为你能做到的最好的领导者，你一定要寻求反馈，了解自己做得怎么样，从建设性的批评中学习，并且相信你可以持续地学习。

我服务于一家外包顾问公司，共有 4 个办事处 100 名员工，主要为在中国的外籍客户提供服务。在一位我直接

汇报的执行董事和另一位董事的指导下，我学会了避免仅
以一己之力来挑战现状，明白了引入变革时团队合作的必
要性。

当我加入公司时，它的人数在过去三年里翻了一番。
加入后的几个月，执行董事要求我执行一项涵盖战略、组
织、财务和人力资源领域"差距分析"的工作。目的是对
现状发起重大挑战。为了保证持续的沟通并有所收获，我
们约定每两周给予一次反馈。执行董事很快得出了结论，
主要问题在于公司整体架构的欠缺（思维、组织及执行）。
对此，我提出了一个颇具雄心的提案，包括：

- 在领导团队内重新界定基本目标和价值观。

- 通过财务控制和关键绩效指标的预算流程来
  设定集团和部门目标。

- 制定相关政策用于支持员工开展工作。

- 就如何开发必要的业务达成一致。

- 通过每周电话会议促进内部沟通和激励，如分
  享信息、庆祝成功和讨论失败等；通过每月例
  会来随市场情况的变化而调整政策，加强团队
  工作。

在执行这些想法的过程中，又浮现出了一个关键问

题，那就是我将此项目所有的责任都扛在了自己的肩上，包括控制和改善进程，即与公司、员工、客户利益相关事项的进程。很明显，这对一个空降兵而言实在是太多了。结果显而易见，我无法有效地达成自己所设定的目标。

我的领导帮助我回顾了以往的情况，指出了我处理不当的四个方面。第一，我急于展示自己可以带来的价值，因为我是空降兵，总是试图取悦别人。我亲自处理每个诉求，这导致我做了许多表面的、不重要的工作。第二，我的经验和知识不足，但对自己的能力过度自信。这导致在我做决断时，经常低估相互间的牵绊，只一味地想把进程快速地往前推进，而当他人没有跟上我的脚步时，我还容易显得不耐烦。这些情况我都没有意识到，所以在做流程改进和排列优先任务时，我丝毫没有把这些因素考虑进去。更重要的是，我没能辨认出任务的复杂性，而将其视为一个单一的大项目，自己认为可以独立推进，也没有时间压力。事实却是，该项目包括很多主题，并各自涵盖着不同的要点。第三，我趋向于自己解决问题，在呈现最后结果前不与人分享信息。整个过程中我没有有效地寻找一个关键伙伴，然后还经常发生这样的状况，当我的结果被批评时，我就立马变得没有了动力。第四，在做决策时，我用了传统的"老大说了算"的方式，而在帮助经理们传递信息和总结学习时，我对他们的支持度也不够。其实这本来有可能成为激励的手段，却变成了浪费时间。因为很少有人在会前做好准备，从而降低了会议质量，这也意味着我要承担更多的责任。

那么，什么才是正确的方法呢？

领导者的角色是指引行动的协调者，而不是所有的事都亲力亲为。

我逐渐意识到对我来说，理想的方式是和董事们一起工作，让高管团队的所有人自始至终地参与，让最关键的人员提早介入流程。我的角色是指引行动的协调者，而不是所有的事都亲力亲为。

带着这样的心得，我开始展现自己从经验中所学到的。我的主管们也开始放心地赋权我并鼓励我继续向前，这样让我在挑战现状中取得了更大的成功。例如，当我们需要削减成本时，我让行政团队参与进来，而不是从前"老大说了算"的方式。我在大目标上寻求他们的认同，就重要的任务进行界定和优先排序。每个人都有创新、成长和发展的机会，并且能看得到结果。我们组建了横跨四个办公室的项目团队，他们拥有专业能力，能够评估任何行动造成的影响，对于每个团队领导者和成员之间的问题，他们可以自行确定时间表和相应责任。我以此流程带领团队，并让其他经理参与进来。所有的小组都被召集到一起来执行计划，分享学习，进一步修订我们的共同目标。依然有每周的互动，分享为达成目标而做的基础性工作的最新进展，这培育了良性竞争的氛围。

我唯一做的就是指导流程，在讨论中提问，并指出可能的方向，然后，在团队联合建议的基础上做出决定。当有不同意见甚至争端时，我让相关参与者在我不在的场合通过他们自己推荐的人调解之后再进行讨论。这样，我找出了通过累计小小成功的方法来营造实验和支持他人的氛围。我也继续与自己的导师讨论自己所面临的挑战和我所建议的可能解决方案。

接受教练辅导：从他人经验中学习

每个新工作都是一段冒险，蕴藏着实验摸索、探寻新想法和首创的机会。但是如果你是一个新人，不知道其中的诀窍，或者当你创新，但不了解文化时你就被卡住了。有时候办法奏效但有时候不管用。领导者需要对他人的建议保持开放，不能认为仅凭自己的力量就可以成事，他们需要教练来从自己的经验中分享得失，帮助他人学习。这个案例从追随者的角度来阐述领导者如何采取行动让他人进步并通过学习而成为领导者。它揭示了为什么对于所有的领导者来说，营造一个支持和奖励挑战现状的氛围是如此重要。

> 每个新工作都是一段冒险，蕴藏着实验摸索、探寻新想法和首创的机会。

几年前，当我刚从悉尼到香港时，我开始自己的首次亚太区海外派遣工作，对于面前的机会和挑战激动不已。这也是我在这家国际财务机构的首次任职，因此有很多方面要学习。我不仅要理解公司的文化和价值观，而且要了解整个亚太区的业务，以及每个地区的文化和价值观。其中，后者的必要性更迫在眉睫，因为所有需要学习的内容都将在工作中用到。好在我得到了上司的精心辅导，同时他在挑战保守做法、探寻创新和业务方向上为我树立了很好的榜样。

我们的交集始于我早期的一次充满遗憾的泰国之旅。

我当时去为该国制定一项新的经营战略，征集泰国区域经理人的反馈，并要最后达成共识。我们花了几天的时间来讨论各种可行方案，并制定泰国区域的战略。在行程将要结束的时候，作为总结会的一部分，我提交了最终的战略方案。会议室里的每个人看上去好像都同意了，以至于我在回香港的路上回想起来，都自认为所有事情都很顺利，而且决策都定下了。但是几天后，当我要求正式签署时，却很吃惊地发现泰国区域总经理其实并不认可那个方案。那次的总结会上，由于没有人提出反对意见，我便自己默认了所有人都同意提案内容，但看来事实并非如此。

我的经理凯斯是个曾经在亚洲工作过几年的美国人，也有过类似的体会。他与我分享了自己以前犯过的错误及心得来引导我度过当前的状况，并且让我学会在未来如何应对类似的情形。我逐渐意识到在某些地区或文化中，你不太会在大型会议中听到反对的声音，所以你需要用不同的途径来找出人们心中的顾虑或想法，来获得反馈和认同。这可能需要更多的一对一的会谈，以及积极的询问来保证他人理解其中的所有要点。

凯斯和我通过共同的经历发展出了非常亲近的关系。对于如何达成目标，我们有共同的理想和信念，持共同看法，并对彼此非常坦诚。凯斯总是能找到拉着我们更上一层楼的目标来帮助我们成就更好的自己，我很敬佩他这点。他总结自己的经验来帮助我做好应对挑战的准备，并提醒我时刻做好改变的准备，因为有时候事情的情况并不能像预期的样子去发展。当我认为新的方式能得到更好的结果时，他的领导风格给了我去改变原来方式的勇气。

凯斯鼓励我跨越公司的局限来寻找能够帮助我们改进的最佳实践。他自己树立了榜样，引进通用电气的工作流程，构建能驱动变革、产生最佳实践、培育企业家精神的高绩效文化。他的热情和能量驱使我去追随，特别是在挑战现状方面。我的办法是设计试验方案，承担可管理的风险，取得小小的成功并从中学习经验。

试验在亚洲经证实是必需的。凯斯很愿意进行试验并且为开发新市场而推动测试。这不仅是对传统流程的挑战，同时带来了一项新的市场构架的开发项目。它是如此有效，并被推广到了拉美和东欧的其他新兴和发展中市场。自我学习和发现会带来组织内的文化转变，并帮助组织来应对不同职能部门和区域的挑战。

我学到的最主要的一课是挑战现状，通过创新、测试和学习持续寻找新机会。我也了解到确立目标会推动你尽自己最大的努力，了解和适应工作场合中的文化差异。如果有勇气挑战现状，你就能够实现自己的愿景。

> 如果有勇气挑战现状，你就能够实现自己的愿景。

寻求建议：具备寻求帮助的勇气

卓越领导者能够把握首创机会，并且鼓励他人这样做。他们寻找成长和提高的机会，并且以新想法进行试验，从失败中学习。但是最好的领导者还要做一件事：他们寻求帮助。他们了解自己的短处，承认自己并不了解所有问题的答案，请他人分享在面临相似情况时他们的学习点。不要相信领导者应该独行，最好的领导者应该从学习分享他人的经验中获益。以下将讲述一个领导者激励另一个领导者去从不同角度思考，走出她的自我形象，给她勇气去承担风险的故事。然后，她表现出了领导力，激励她的同事也进行非常规的创新思考。

不要相信领导者应该独行，最好
的领导者应该从学习分享他人的经
验中获益。

2008 年年底，一个冬雨的傍晚，我坐在自己上海的办
公室里，盯着窗外闪烁的东方明珠塔，沉浸在自己的思绪
中。作为一家信用卡公司亚太区战略业务发展的副总裁，
经历这四年多的"工作狂"生活后，我已经习惯看东方明
珠的夜景了。无数个夜晚，我就这样坐着，解决了很多复
杂、重要、紧急的工作。但是那个晚上，东方明珠没有给
我任何启发，也没能帮我解决头疼的问题。

基于对全球经济悲观的展望，2009 年我的一揽子预算
（投资、市场、差旅和娱乐）被狠狠地削减掉 45%。尽管亚
太区 2008 年收入以两位数增长，但公司对于追逐高位线
增长的热情被低迷的全球经济分析所打压。看上去仅存的
方法就是削减预算来提升利润比，但是我对此存有怀疑。
我应该接受上头制订的这个预算方案吗？这个决定的目
的是保持我们股票价格的良好表现，还是我应该争取更多
的预算来抓住亚太区投资的黄金机会？

我权衡了公司的全球形势。公司的主要业务是使用品
牌的借记卡和信用卡，在银行商户和银行消费者之间完成

付款。2008 年一年的收入（高位线）就增长了 22.7%，达到了 50 亿美元，并产生了 10 亿美元的净收入（最低值），同比增长 10.5%。然而，尽管财务方面表现强劲，公司的股票价格还是在 2008 年的 9—12 月下跌了约 40%。

我从霓虹闪烁的东方明珠塔回过神来，拿起电话，拨通了伦敦的号码。我和平常一样，向我最仰慕的一位领导者寻求建议。艾哈迈德是位带传奇色彩的人物，圆圆的总是微笑着的脸上有着一双大大的带有探究味道的双眼。他有埃及血统，拥有澳大利亚国籍。他的教育背景多元化，有两个科学类的学士学位，还有两个会计/银行业的硕士学位。在他传奇性的职业生涯里，他曾在悉尼的一所医院里担任核物理学家达五年之久，做过澳大利亚一家日本跨国公司的首席技术官，然后被猎头挖去澳大利亚一家大型的 EFT 和 ATM 公司担任副总裁，最后在亚太区开了家提供高端金融服务、电子商务和通用管理的咨询公司，这家公司在美国、欧洲、澳大利亚都有办事处。艾哈迈德于 2002 年加入了我当时所在的公司，升任为高级执行副总裁和集团在英国的总经理。

尽管他在公司里被视为最具口才的高管，但是他更大的长处在于激发和鼓励他人去探索正确的答案。跨越了 8 小时的时差，他富有磁性的声音在我耳边响起。

"克里斯蒂娜！很高兴听到你的声音。最近怎么样？"

"嗯，我遇到了个问题，想寻求你的建议。你现在方便吗？"

"当然。让我听听究竟是个什么问题，让一位以解决问题著称的女士被困住了。"

这就是他的幽默。我简要地告诉了他削减预算所带来的挑战。简短的停顿后，他问我：

"克里斯蒂娜，那么，你是怎么想的呢？"

几个选择在我脑子里跑来跑去，如裁掉三名员工、冻结几项支出等。但是，我没有详细去描绘这些黯淡的景象，而是告诉他我最疑惑的是为什么必须削减我的预算。当我向他倾诉自己的想法时，他耐心地倾听着。

"一方面，我认为自己应该服从公司决定。我们的日子不好过，到处运气都不好。想想，如果大家都群起争辩要更高的预算怎么办？可能他们不会关注落地的执行。但是另一方面，我认为公司在一个新兴市场减少投资是错误的，因为危机孕育着巨大的机会。如你所知，资产价格和客户期望在显著增加。在一场危机中增加投资会更容易让我们从竞争对手中脱颖而出。"

倾听之后，艾哈迈德问了个问题：

"那么，你的结论是什么？"

我深吸了口气。

"我讨厌这样说，但是可能我应该接受这个预算的决定，想办法做到最好。不管怎么说，现在就是这个样子。"

艾哈迈德开始像只老鼠一样安静起来。该死！我开始担心了。

"Hello，艾哈迈德，你在吗？"

最后，他开口了。

"是的，我在，克里斯蒂娜。我刚才一直在想你的理由。如果你认为公司削减你的预算是错的，那么为什么还要追随大多数人的想法呢？"

现在是我为自己找理由的时候了。

"作为公司的一部分，我应该有大局观，并且为了更好的局面而努力，不是吗？"

艾哈迈德没有逼我，相反他化解了我的尴尬。

"当然了，你是个很棒的团队成员，但如果我没弄错的话，在你内心深处，你惧怕与众不同。"

我的耳边好像滚过了一道响雷。他继续说道：

"克里斯蒂娜，做正确的事很难。但是为了更加成功，你真的需要做正确的事情，而不是容易的事。"

我感到了黑暗隧道尽头的一丝光亮，同时感受到了寒意。

"但是，如果其他人保持沉默呢？"

艾哈迈德带有磁性的声音又响起来了。

"克里斯蒂娜，我很喜欢你。但你可以不那么中国人吗？"

挂上电话后，我又看着办公室的窗外。尽管已经快半夜了，主干道上还是挤满了熙熙攘攘的车辆。雨已经停了，在干净的夜色中，东方明珠塔看上去更高更亮了。艾哈迈德的话萦绕在我的头脑中："你可以不那么中国人吗？"

我的思想转来转去：

- 做个地道的中国人没问题，我就是个中国人。同样，如果你是个美国人，就做个地道的美国人也没问题。

- 等等！等等！在常规处境中，这或许可以，但是在这件事中这是最好的吗？

- 不是。一个成功的全球性的商务人士应该是开放的，在跨文化环境中学习的速度很快。那种"地道的中国人"或者"地道的美国人"的想法会以固有的思维模式困住我们。它不能培育全球视野或者创造性解决问题的方式。

我的思路清晰了，艾哈迈德是对的。我是太中国人了——不喜欢争论，害怕直面，不能挑战现状。我是个好经理，但是为了成为真正的领导者，我要弥补自己的欠缺。

睡了五小时后，第二天早晨我回到办公室。我做的第一件事情就是和客户管理团队定了个会议。他们个个带着疑惑进来，我简短地告诉了他们来自集团总部削减预算的决定。得知要被砍掉 45%后，大家立马炸开了锅。我很快地过了过数据，带他们进入更深入的思考。

"如果 2009 年我们要从竞争对手手里拿过 10%的市场份额，我们需要多少投资？"

这个问题激发了我的团队，他们热切地回应着。

"如果你给我 100 万美元，用于销售团队激励，我可以给你 200 万美元的新卡，就是竞争对手 6%的份额……给我 50 万美元的资金可以做到 10 亿美元金额的销售！"

这在我耳中不啻天籁。团队做了 30 分钟的头脑风暴，拿出了两大类共 10 个新办法。第一大类是如何更加有效地使用预算，第二大类是如何从竞争对手那里赢出 10%。然后，我让财务团队用明确的财务报告让这些措施清晰化。手里拿着这些，我为 2009 年为期一周的预算零削减的战斗打响了第一枪，并承诺将做到原预测的关键绩效指标的 120%。

2010 年 2 月底的一天，我在接近傍晚时接到了艾哈迈德的电话。

"克里斯蒂娜，我打电话来祝贺你。刚刚听说因为 2009 年卓越的绩效，你被提名进入公司长期股票激励项目。"

"谢谢你，艾哈迈德！我们做到了 2009 年关键绩效指标的 150% 的交付，要谢谢你让我坚持不削减预算。这都是被你那个挑战性的问题鼓励出来的。"

"真的吗？是哪个？"

"'你可以不那么中国人吗？'"

艾哈迈德忍不住笑出了声。

"克里斯蒂娜，我从 5000 年的文明基因中得到了这样一个感觉：你在这家公司会前途光明的。"

"艾哈迈德，我非常高兴听到这些。现在我有一个问题。"

我停了下来，确保他在完全地聆听。

"你可以不那么埃及人吗？"

实践：挑战现状

为了挑战现状，你要通过把握住首创机会与练习自我突破和敢于试验，来承担风险，并且通过一次次获取的小小的成功，学习经验。

发展自信，相信开放式的思维和
企业家精神是可贵的。

这是本章的领导者们所谈及的他们所学习到的：

- 不断挑战那些墨守成规、坚守标准流程的人。
  大部分组织都有很多陈旧的体系，需要被挑
  战，并且随着商业环境的变革而与时俱进。实
  践出真知，鼓励他人也这样面对现状。

- 挑战现状不仅仅是确认机会——你必须有抓住
  机会的办法。鼓励追随者尝试新想法，并承担
  可以控制的风险。

- 发展自信，相信开放式的思维和企业家精神
  是可贵的。如果他人在努力完成挑战性的任
  务时失败了，并不会因此而受到惩罚，要为
  重要的里程碑式的成绩庆祝，一路上持续地
  认可大家做出的贡献。

- 当事情不像预期那样进展时，保证下属不会因
  此感到沮丧很重要。当团队没能完成任务时，
  可以把它变成一个从经验中学习的机会。

- 跳出公司的局限来寻求可以帮助你提高的点

子。用你的热情和能量来影响他人去尝试并承担可管理的风险，由此带来小小的成功，并从这些经验中学习。

- 每当找到测试传统智慧和能拉伸团队到更高水平的目标时，他们就会有最佳的表现。用你自己的经验来帮助他们为变革做好准备，让他们意识到现实可能同他们的预期不一样。

- 在挑战现状和持续寻找新的机会时，试验必不可少。为了追求卓越，最重要的是了解所设定目标的价值，它会推动你尽最大努力来实现。有了挑战现状的勇气，你就能实现自己的愿景。

- 表现出对学习开放的态度。寻求他人的辅导，对他人的反馈保持开放的态度，并且有勇气改变做事的方式。这也是你为他人树立的榜样，从成功和失败中都能获得收益。

第 5 章

使众人行

单靠一个人的力量，伟大的梦想无法变成现实。实现梦想要依靠团队的力量，而团队力量要依靠精诚的团结和稳固的关系，要有非凡的能力和沉着的决心，还要有团队合作和个体责任。要取得非凡卓越的成就，领导者得使众人行。

要取得非凡卓越的成就，领导者得使众人行。

初次遇见叶安琪时，她是惠普一个 IT 团队的头儿，带领着一个项目团队。项目团队的核心成员来自澳大利亚、中国香港、新加坡和美国。她告诉我们："过去我有一个不好的习惯总是喜欢说'我'，而不是'我们'。"当她更多地使用"我们"时，她发现人们会更积极地回应，而且她的团队变得更有凝聚力了。"这是一个神奇的词语，"安琪意识到，"我会建议更多的人更广泛地使用它。"好的领导者都经常说"我们"，他们用行动来展示团队总是大于个人的，包括领导者自己。

卓越领导者通过建立信任来促进协作。对于最好的领导者来说，团队合作远不是几个直接下属和几个亲密的支持者。他们把所有共享人生愿景的人都囊括进来，以某种方式和那个与最终结果相关的人连接在一起。在现在的团队组织里，企业不能被制约在一个很小的忠实群体里，必须让所有与愿景有关的人，如同事、经理、客户、供应商、市民都参与进来，建立一种共命运的氛围，让人们觉得他们是受尊敬的社区成员。信任可以明显地提高员工的参与度和绩效，最重要的是，可以培育大家对你的信赖和彼此间的信任，为每个人的最大利益而努力工作。

信任可以明显地提高员工的参与度和绩效，最重要的是，可以培育大家对你的信赖和彼此间的信任，为每个人的最大利益而努力工作。

卓越领导者知道，那些被期望出产结果的人必须感知到，他们是掌握自己命运的人——他们是自己命运的主人，能够自主判断如何完成任务和实现承诺。这就是为什么领导者要通过增强自主意识和发展能力来增强他人的实力。他们努力工作去让他人变得更加强大、更加能干和更加坚定。他们下放权力让他人自主行动，而不是自己紧紧抓住权力不放。他们提供选择，给出范围并促进问责制。卓越领导者也知道人们只有在拥有技巧、知识、信息和资源并且自己做出决定时，才能锻炼他们的自主决策力。那意味

着，你得发展下属的能力和信心来达成组织设定的共同目标。

陈懋斯在同香港当地一个手机系统操作小组工作时发现，人们对新生事物很感兴趣，并且小组有能力让事物变得更好。通过询问其他人的意见并将之用于决策中，他发展了他们的能力和他们对自己的信心。他也促进了团队成员间的相互信任，懋斯说："团队变得更积极主动地在一起工作了。"通过让大家一起参与做关键决策，他期望每个人都感到和想到"他们是主人翁和领导者"。他说："这会让我们的工作更容易些。"领导者意识到，当人们被信任、拥有更多的自由、权力和信息时，他们更有可能发挥自己的能力，取得卓越的成就。

如果你让追随者感到自己弱小、有依赖性或者孤僻，他们就不会尽其所能，或者不在这家公司干很长时间。相反，当人们感到强大和有能力时，他们能做的将远远超出自己的想象——他们会全身心投入并且表现会普遍地超过预期。正像你在下面的案例中会看到的一样，领导者骄傲地谈论团队协作、信任和授权在成就卓越事业的努力中是多么必要的因素。从这些方面使众人行。领导者进而让自己的追随者也变成了领导者。

建立信任关系：对他人表示关注和兴趣

领导力是一种关系。这是一种有热情去领导的人和选择去追随他的人之间的关系。当下属感到被他们的领导者关爱、信任、尊重并且投入时间和精力帮助他们发展时，他们将更认同这种关系。你要学会倾听他人的观点，关注他们的意见和顾虑，帮助他们解决问题，以开放的态度来接受他们的影响。在这个案例里宋先生体会到，如果他想要下属接受他们是"主人翁"的概念，他就需要像对待合作伙伴一样对待他的下属。这就要求从个人角度更多地了解他们，然后帮助他们增强工作能力和领导能力。

领导力是一种有热情去领导的人和选择去追随他的人之间的关系。

我是一家新成立的、处于同行业领先地位的软件公司的初级合伙人，公司为一家主要软件平台提供重新恢复的解决方案。我跟另两个初级合伙人一起，直接向首席执行

官汇报工作，他是我们唯一的资深合伙人。我负责销售，这部分业绩比前一年增长了一倍。公司的发展潜力促使全体合伙人毅然离开了他们以前的工作，并把公司从原来只有一间房的办公室搬到了一个大五倍的大套间，那里有四个单间办公室、一个会议室和一个有四个隔间的开放大厅。每个人都对我们的未来充满信心。

当时，公司的机遇快速增加，我意识到我需要额外的人手。我得到首席执行官允许，获得招聘两个销售助理的许可，为此我招聘了一位本地刚毕业的大学生和一位有两年电话销售经验的员工。我同他们分享了对公司未来光明前景的展望，详细解释了他们的工作职责和我对他们的期望，并给他们最热烈的鼓励。一开始，我决定关注于帮助他们去获得潜在的销售对象。我首先向他们介绍我们的产品，帮助他们懂得如何在网络上寻找潜在客户，并取得联系。在最初的三天里，我教他们使用我自己创立的一个标准的销售表格，并提供他们关于我们产品的技术性知识。然后，我分配给他们每天适度的电话名单去联络并持续跟踪。

经过一段时间的学习，这两个助理开始提供给我能够追踪的、令人满意的销售线索，他们的业绩在后面的几个月里继续提升，特别是在我提高了他们的工资待遇之后。不过，六个月后，我观察到在达到一个高峰之后，他们得到的潜在销售对象的数量在逐渐减少。从我们每天的接触中，我也感觉到他们的热情在快速递减。我试着去表扬他们的进步和询问他们的顾虑来鼓励他们，但是效果没能持续多久。很明显，我需要新的方向去扭转这个局面。

就这件事，我跟我的首席执行官讨论了好几次，并问他怎样才能使我的团队始终保持昂扬的斗志。他表扬了我主动追求更高业绩的积极性，但并没有给我具体的建议。相反，他温和地询问我是如何保持自身的高昂热情的，以及我认为他做了什么让我乐意为公司这样卖力地工作。

思考了一段时间后，我意识到合伙人之间的关系与我和销售团队之间的关系是不同的。除了公司的所有制结构，我们合伙人之间已经发展到了很深的互信和平等的关系。每个合伙人在他们的工作中都比我的销售团队成员拥有更多的自信和权力。第二天，我跟首席执行官分享了我的观察。他微笑着对我说："那么，你怎样让他们成为你的合伙人呢？"我们就我的销售团队如何建立合伙人关系进行了细致的讨论。回顾一下，我们推动的这个新的方向就是使众人行。

那个时期，我开始意识到，我们的销售若能在下一个财政年度增长 100%，并在三年或更长的时间里保持高水平增长。我的销售团队也以同样的比例成长，这两个新员工将能成为未来销售的核心力量。因此，我开始专注于同我的两个直接下属建立密切的关系，为将来打下一个坚实的基础。

除了直接指导他们日常的销售活动，我花了更多的时间去了解他们。我常常同他们分享我对未来的见解和我的担忧，我完全开放自己来聆听他们的建议。我们讨论销售团队的共同目标，为了增进更多的信任，我还邀请他们针对产品特性、功能、市场策略和销售手段提供想法和意见。他们因为这些可以为企业做贡献的新机会而变得热情万分。同时，我们也设立了每日在办公室之外喝咖啡休息的时间定期开碰头会。这不是因为我们不喜欢在办公室里喝咖啡，重要的是，这让我们在公司之外能更多地敞开心扉，像平等的朋友一样去交流。

我按照他们的行为方式，分配给了他们更多的职责，并授予了更多的权力。我经常请他们跟我坐在一起，看我给重要客户做演示，最后这成了我们最有效率的时间使用方法。这些演示给了他们机会，让他们能更深层地学习关于产品的技术知识和客户要求，也包括如何解决客户的问题。慢慢地，他们变得更自信了。这样，我开始让他们承担越来越多的重要客户的演示任务。

他们加入公司一年以后，其他合伙人和我共同决定给包括我的两个销售助理在内的高绩效的员工发放股份。在我开始遵循使众人行的方针之后，他们的成长远远高于我最初的期望。那一年我们的销售业绩增长了近3倍。到年底，我们的团队已经从最初的两个员工发展到现在的8人，最初的那两个员工也成为团队的核心。

> 使众人行是去营造一种信任氛围，促进协作关系，发展能力、自信和承诺。

使众人行是去营造一种信任氛围，促进协作关系，发展能力、自信和承诺。它是授权其他人一起来建设一个更有力量的团队的方法。

信任先行：让他人感知你的关心，从细微处做起

为了建立一个牢固的关系，要有人先行一步，要有人开始这个对话。在领导者和跟随者的

关系中，领导者应该引领这最初的一步。领导者先行，是角色使然。你必须是最先开放、最先信任、最先聆听、最先提问表达、最先分享信息和最先说"谢谢"的人。让他人感觉你强壮和有才能，而不是装腔作势。就像我们在下面的例子里看到的，它是你做所有微不足道的小事来建立起的工作关系。在这个故事里，沈先生描述了他为帮助一个下属的发展所采取的诸多行动，以及他和组织是如何从中获益的。

我率领的一个团队负责公司的财务和风险管理。这是一个从初级分析员到资深合伙人的团队，管理整个亚洲区域的审计。团队中的项小姐是来自跨国会计师事务所的资深分析师，而且直接向我汇报整个团队的审计工作。我应用的领导力实践就是强化她的能力，并促进我们之间的协作。

促进协作有两个必要的因素：营造一个信任的氛围和长期合作的关系。首先，一个信任的氛围能帮助个人成就事业。他们会因为自信而变得敢于尝试新方案，并发展出新的想法和主意。他们向着目标更积极地工作，同时更愿意承担责任。从一个领导者的视角看，这样的一种环境有效促进了工作的分派，并允许领导者去影响员工的行为向着他们的愿景和目标前进。

> 促进协作有两个必要的因素：营造一个信任的氛围和长期合作的关系。

作为一个有十年以上经验的审计师，我已经被训练得对凡事都具有怀疑和控制的意识。我需要学习并且强迫自己去改变的一点，就是要保持思想开放和学会聆听别人。我花了很长时间才学会怎样去给我的下属们分派工作，放下想要树立权威和控制他人的欲望。我清晰地阐述我的观点、目标、标准和不能逾越的底线。我也经常核查工作以确保项小姐是和我同步的。这意味着从我们合作关系的开始就不会有疑惑、误解或错失的可能性。清晰度和透明度帮助我们建立信任关系，定期的沟通则进一步地发展了这种关系。

我跟项小姐保持着频繁而持续的对话，有时是工作，有时也许是会影响工作业绩的私人问题。我在我们每周一对一的例会上分享信息和想法，我倾听她的建议，并回答她的问题和要求。我们也偶尔到外面一起午餐或喝咖啡，以便有更多随意轻松、与工作无关的话题来交流。我发现维持一个不间断的对话是重要的，这样我们都能感到分享和讨论更舒服了，同时，这也体现了我对她的兴趣和状态的关心。

我们频繁交流的主要特点是面对面的接触。虽然电子邮件已经成为很多企业最流行的交流方式，拿起电话讲话也是很容易很方便的，但是我们乐意保持每周例会的交谈方式。我鼓励项小姐随时到我办公室来，不管她需要一个10分钟的忠告还是一个建议。这种欢畅自由的交流极大地增进了我们之间导师和学徒的关系。

除了交流互动，在提供适当的指导和训练的情况下，我给了项小姐更多的行动权利和选择不同方案解决问题的自由。有时我甚至分配超出她现在职责水平的工作。这很好地体现了我对她能力的信任和对她卓越工作的认可。

我也鼓励她同其他部门的人建立联系和发展关系。通过这些她能在一个更广泛的范围内获取专业技能、知识和其他技能，这对她的职业发展起着很重要的作用。这同样反映了我们企业的团队文化。我们使用"我们"来代替"我"，每个人都明白没有谁可以单独成功，除非团队里每个人都取得成功。大家需要共同工作来达成我们的共同愿景和目标。

另一个重要的使众人行的方法，就是强化他们的自我决策能力和发展他们的自信。我一贯鼓励项小姐打破常规，提出建议并提供解决方案。通过询问她的想法并让她自主做决定，我让她感到被尊重和充分地被授权。与此同时，传递了她是能够为自己的行动去承担责任的想法。

当我们讨论一些问题时，我永远不会给她答案或结论。相反，我更多地关注于如何提问和提供意见来引领她自我判断和做出决定。我及时地、坦诚地提供积极和建设性的反馈。我也给她机会通过主持会议和演讲来直接跟领导层对话，这些都帮助她增强了自主决策的意识。

当项小姐取得好成绩时，我不只在一对一的面谈中，也在全体团队面前表扬她，这使她越来越自信。此外，提升能力有利于她自信心的建立，因此我试图去了解她的长处和能力，然后再分配那些她有潜力取得最佳成绩的工作。我努力通过培训和教练来帮助她提高。

因此，帮助员工建立自信有利于公司获益，因为它激发人们承受风险并努力前行。项小姐就是一个恰当的例子。她变得更愿意承担新的责任和挑战。此外，她更积极主动地承担责任，并致力于整个团队的成功，她自发地延长工作时间来满足严格的最后期限要求。

> 使众人行的关键是有效和充分地交流和授权。

我已经开始意识到使众人行的关键是有效和充分地交流和授权。通过一些类似反馈和教练的沟通方式来帮助建立信任和关系。这样，渐渐地帮助人们去发展并引领整个团队实现更好的业绩。充分的授权给予人们权力和自由来做决定，并提供绝好的学习机会来提升能力和自信。

发展合作目标：能交朋友就能领导团队

领导力课程不仅仅源自在商业活动中发生的事。创造并维持有意义的、长久的友谊能教会我们如何建立良好的工作关系。其基本原理是一样的。例如，为了创造和谐的工作协作关系，你必须创造特定的条件让每个人都知道他不可能一个人成功，除非团队其他人也一起成功——所有团队成员都应该明白"我们共命运"。

只有付出才有收获，并且相信一切都是公开
的。在下面的故事里，洛讲述了他是如何通过领
会建立和维护一个私人关系来改善他的领导力
的。他的直接下属中有一个人是他的朋友，他想
确保他们不管在公司内还是在公司外都是朋友。
强化那种关系的结果是，他认识到这需要建立一
个共同的目标，这是在每个集体成就里最重要的
因素。此外，还要促进团队成员之间的信任。

对我作为领导者的一个有益的经验，是从我的一个朋
友调到我负责的部门开始的。我试图找出最好的管理我们
新关系的方法，并延伸我们相互间的信任到工作场所，这
促使我积极地行动，最后发现这对我部门的每个人都适
用。

我加入公司的时候是一个销售经理，之后我引荐了我
从前的同事兼好朋友董来到我们的团队。我们共事了一段
时间，然后董调到了另一个团队。不久，在公司发生了一
些动荡之后，局势变了。这家公司被我们的竞争对手购买
了，竞争对手是行业里的领先企业，我被任命为全国销售
经理，监管着大约 5 000 万美元的年销售额。在另一次兼
并和重组之后，我被提升到负责整个亚太区的市场团队。

正巧在这个时刻，董调到了我的部门，而我成了他的主管。

因为我们的朋友关系，我担心如何去管理董。尽管他是一个可信赖的员工，但是他倾向于独自承担压力和挫折。他过去曾做过我们一位共同的朋友的下属，而那几乎毁了他们的友谊。我不想失去一个好朋友，所以我在犹豫是否接纳他到我的部门。我决定最好跟他就我们之间现在是经理和员工的关系开诚布公地探讨一下。

在他报到之前，我把他拉到一边跟他表明，我首先当他是朋友，其次才是我的员工。我也再次保证我会为他争取任何他应得的利益和福祉。虽然如此，我们还有上下级的工作关系，我需要他明白在同一办公室里工作，会有些不同于朋友关系的方面要去维持，而我希望这不要影响我们的友谊。我请求他对待我们的工作关系，就好像我们只是为同一目标而一起工作的朋友，只是每个人都有自己的角色。在这样的朋友和同僚的前提下，他可以不同意我的观点，或提出新的思路，就像我也会这样对他一样，我们双方都要认同这样的想法。总之，我试图通过延伸我们的友谊——信任的关系到工作场所来创建一个信任的氛围。

在那次谈话之后，关键的就是我要把我的言行付诸行动。公司兼并和随之而来的重组意味着一些同事将被解雇，另一些则在新的业务部门有了新的角色，董在那之后不久就加入了我们团队。我觉得跟我的团队整体上保持密切的沟通，并给他们一个稳定的感觉是很重要的。 我开始跟他们分享任何有用的信息，当然除了规定保密的部分；更进一步，我还提供给他们关于我们业务部门和正在与部门合作的其他部门未来发展的相关信息。这是从我的新的业务部门老板那里学到的方法。他用电话或者邮件的方式，把他和首席执行官个人或私下谈话里对我们部门未来的展望跟核心员工及时分享。带着对未来的期望和信心，这些最新消息总是让我感觉对新公司的归属感更强烈了。与此同时，我觉得在我的团队构建这样的氛围也很重要。

重组之后，我得给我的团队制定目标。我希望这是一个可以锻炼我们如何合作的机会，不仅要制定这些目标，还要知道如何管理和达到这些目标。我把团队的反馈和建议结合我所知道的最高管理层的目标，最后制定出我们团队的目标。我也要求我的团队把我当成一种资源。这是为了让他们有完全的自主权跟我明确何时他们需要我配合。例如，他们在工作中遇到的障碍，可以直接寻求我通过合适的渠道来帮助他们解决。如果需要我出席一些跟高层客户的会面，他们可以按照他们的需要来安排我的时间。这创造了一种互帮互助的良好效应。当我请求他们做我的资源时，那就不只是一个经理要求员工的单向索求关系。相反，我们通过在每项工作中担当不同的角色，让给予-索求成为一种双赢的关系。

本着这样的精神，我确保给每位团队成员适当的信誉和认可，来强化他们在团队目标实施中的主人翁意识。在我个人给上级的团队目标进展报告中，明确写明了每项工作的负责人。我也拷贝了这份报告给我的团队，让他们知道我把大量的功劳归于他们。

最后，在确定了合作目标和协作角色、营造了一种信任的气氛之后，我有意识地花力气去发展团队的能力和自信。除了标准的培训，公司还安排了在工作场所适用的方法和技巧培训，我鼓励和支持他们去寻找感兴趣的业务书籍或研讨会。我认为我在工商管理课程中学到的各种架构和方法可以适用于我们工作场合，对团队也有所助益，所以就这些架构和方法与他们进行了探讨。为了提高他们的自信心，每当他们完成工作时，我就给予表扬。最后，我喜欢用自我嘲讽的幽默方式来表明真正完成工作的是我们的团队，其实他们远比我聪明，而我只是熟悉上层管理的政治罢了。

> 明确合作目标和彼此的角色，并
> 通过帮助他人增强能力和自信去实
> 现那些目标。

我在领导团队和作为导师等方面的经验和心得，帮助我把过往的实践做了指导性的总结，从而继续指导我使众人一起行动来实现我们的目标。这个框架建立在打造逐渐开放和信任的环境之上——就像我和董营造的那种环境——明确合作目标和彼此的角色，并通过帮助他人增强能力和自信去实现那些目标。

欣赏彼此的差异：站在他人角度看问题 改善关系和绩效

为了在日益全球化的工作环境里建立信任关系，领导者们必须高度敏感地去确认不同的观点，区分不同的文化习俗。即使一个领导者非常成功和能力非凡，但如果其他人认为这个领导者不懂得尊重和感恩他人，他们也不会愿意跟随他。方法和途径可以从一个环境转移到另一个环境，凡事第一步都是建构互信和尊敬的关系。这需要有开放和尊重他人的品质，以及谦逊的态度。自认为万事通的人不会成为好的领导者。也许"为了后面能走得更快，开始你先要慢行"，因为花时间建立亲密关系对长期业绩提升是必要的。下面这个案例显示了一个成功的领导者和导师怎样在一个不同的文化中，在最初的小失误中修复关系。道歉和展示尊重能有效地弥补各种差异，并真诚地教授他人做事情的新方法。

自认为万事通的人不会成为好的领导者。

我工作的公司正在经历一个高成长阶段，因此创造出了很多新的业务部门和新地区总部的职位。其中，部分压力来自如何进一步扩大我们东南亚专业服务团队在当地的影响力和提升他们的工作能力。这一次我见证了领导者是怎样营造师徒关系的。

当时区域总监已经从澳大利亚找到了一个来负责这项工作的人。而且，理论上看起来理查德（Richard）是一个理想的选择。他在过去三年里成功地建立起一个成熟并稳定的公司，总监对他很有信心，相信他能够在东南亚地区发展出一支强有力的团队和成功的业务。在澳大利亚时，理查德主导为客户定制服务提供创新，这使他的销售团队能提供高附加值的服务，每单生意的总体利润因此而增加了。他们的销售和专业技术服务团队之间有着良好的信任和友情，而且从事专业技术服务的员工有着高度的工作满意度，人员流失率几乎为零。理查德同时采取让团队主管来管理日常事务的方法，这样澳大利亚的这项技术专业服务，基本上处在一种良好的自我运转状态中。在区域总监向他提供这个承担更大责任的角色时，他已经准备好迎接一个新的挑战并且抓住了这个机会。

被任命后不久，理查德安排了一趟环游该地区做自我介绍的旅行。其中，有一次是他跟负责东南亚地区销售主管的第一次会面。这是他跟这位相对于他更年长的、更有经验的中国籍主管的第一次互动。寒暄之后，理查德开始自信地分享他对该地区的观察，谈到一些弱点时，他会讲出他认为哪些改变是必要的，以及他实施战略的计划。他建议的很多战略都曾在澳大利亚运转良好，他计划也在东南亚来实施这些战略。在会面中，这位销售主管显出真诚的样子。他感谢理查德并期待着能同他一起工作。然后，理查德继续他在该地区的巡访，会见其他主要负责人和利益相关者。在接下来的一周里，理查德返回澳大利亚后，区域总监收到来自他在东南亚会见的主管们的反馈。他们都认为理查德不适合指派给他的这个新职务。

当总监跟理查德坐下来讨论这个状况时，事情变得清楚了，那就是他们忽略了一些基本步骤。总监非常信任理查德的能力，而理查德也对自己的能力非常自信。然而，不是仅仅自信或能力就足以让他准备好来应对东南亚局面的。当兴冲冲地走马上任时，他们忽视了第一位的，也可以说是对领导者最重要的一点：人们不在乎你知道多少（或者你有多能干），人们在乎你到底关心什么。他们发现理查德曾天真地以为，以他过去的成功和名声，会帮他在新的团队和东南亚的同事中赢得一定的尊重。但他忘记了建立友好关系最基本的一点，就是让信任成为发展高绩效团队的关键。理查德留给地区经理们的印象就好似他正尽力帮助他们减少为发展业务所花的力气，其实他应该表现出跟他们一起合作的兴趣和热情。仅仅经过几天的考察，理查德就无礼、傲慢并快速地给出了建议，这让经理们感觉是被指责和羞辱了。

总监认为没有适当充分的准备，就让理查德进行就职出访，或是没有在初始的会议中谨慎地审核他的计划，是总监个人应该承担的责任。他们都同意需要一个新方案。总监花了相当多的时间来给理查德介绍在亚洲和在澳大利亚做生意的细微差别，并且帮助他不仅从语言、文化、宗教方面，也从标准的商业惯例和沟通方式来领会和确认两者之间的差异。在亚洲，在人们进入生意正题之前，需要花费在建立关系上的时间要比西方国家长得多。这让人很沮丧，甚至被不熟悉这些程序的人视为不必要。不管怎样，如果希望取得更快的进展，理查德得做好慢下来的准备。在他被允许实施新改变之前，他需要加深自己与同事的关系。

当总监听取理查德的汇报时，他很快地意识到理查德忘记了领导力的另一个重要方面。如果理查德只是一个人在会谈中说话，他既没有倾听，也不会学到东西。对于理查德来说，首要应该做的是尽他所能地学习该地区的知识，试着去理解做业务的复杂手段：确定各种关系，找到盟友，并识别出他的计划可能存在的潜在风险。相反，理查德在跟地区经理们的会面中，主要是他自己在发表意见。让事情更糟的是，当他应该使用更委婉的语言时，他没有改变他作为西方人直言不讳的沟通方式。这些错误组合在一起，给大家留下理查德是喜欢对抗的和不尊敬他人的印象。总监知道，在地区中如何推进变革的敏感话题是一定要在某一特定时刻提出的。他提醒理查德建立友好关系首先是要关注的，并且建议当他准备好跟团队讨论敏感话题时，应该微妙地、有时得迂回地处理这些话题。

总监和理查德两人都同意，理查德的很多主意和战略从根本上看是站得住脚的。但主要的问题是，他对在东南亚发展信任关系的需求上估计不足。总监再次安排理查德到该地区跟那些曾经不买他账的销售主管们会面，并为上次仓促地安排理查德跟他们见面且发生的一些小的不愉快而道歉。他重申了对理查德的信任和支持，并劝说销售主管们在做出最后决定之前，跟理查德再次会面。

理查德第二次到该区域时，他做了充分的准备。他改变了策略，并且一开场就为上次他出差造成的不愉快而道歉。他私下请求大家帮助他多了解东南亚地区，并承认这是他薄弱的地方。虽然他有很多想法，但理查德明白，只有在他得到关键岗位的主管们的信任之后，他才能从他们那里获得对每个想法的支持。理查德要求区域主管们参与商业解决方案的讨论，并放手让他们根据实际情况去定制和帮助实施解决这些方案，使之成为标准的商业惯例。这种合作的过程给了区域主管们一种在东南亚建设更大更好公司的参与感和责任感。

为了更多地鼓励国家之间的合作，理查德创立了每两周一次团队会议的惯例。这些会议总是安排在同一时间，而且变成了一个他与大家沟通公司愿景的论坛。这些会议也用于更新团队业务进展的整体情况。各个地区的团队成员被要求就他们手头上的新项目呈递一个短短十分钟的演讲。这种分享逐渐地让各个国家的成员前所未有地开放起来。各个国家的团队成员之间越来越自在地分享信息并且最佳的实践开始展现，减少了非计划中的事故，提高了团队的能力。这种悄然增长的自信被销售团队所认可，而这个重新充满活力的、东南亚的专业技术服务小组在没有明显增加人手的情况下扩大了业务。

在东南亚任何发挥领导力的情境中，关系和信任都是至关重要的。从这个实践中我学习到小小的进展会帮助大家增强自信心和信任关系，并为参与者搭建一个共通的相互提升的平台。虽然这需要花一些时间，但一定能有效地促进合作。

实践：使众人行

为使众人行，你需要通过建立信任和增进关系来促进协作，并通过增强自主意识和发展能力与信心来增强他人的实力。

有一个信任的氛围能使人成就事业。

这里有一些重要的经验教训是本章中领导者们学到如何去做的。

- 从关注跟直接下属建立紧密关系来开始促进合作。除了检查日常行为，你还要花费更多时间来更好地了解他们。同他们分享你对未来的愿景，提出你的问题，并开放地接纳他们的建议。讨论共同感兴趣的话题和目标，邀请他们提供对产品、流程、手续和问题的想法。

- 清晰和透明可以帮助建立信任关系，此外，经常性地沟通，特别是面对面地交流能帮助这种关系更进一步地发展。保持一种持续的对话，这样每个人都会感到能自在地分享和谈论，从而表现出你在意和关心你的追随者的利益和福祉。

- 有一个信任的氛围能使人成就事业。让追随者们知道，在适当的指导和教练下，他们有行动的权利和自由来决定解决问题的不同方法。尝试分派高于他们现在的职责水平的工作，来体现你对他们能力的信任和工作成果的肯定。

- 鼓励你的团队同外部建立联系。这样，他们可以从更广阔的渠道获得专业技能、知识和全套技巧，这是对他们的职业发展和团队成功至关重要的一个因素。

- 比使用"我"这个词更频繁地使用"我们"，并且让每个人都明白没有单个人能成功，除非团队里的每个人都成功。帮助人们集体合作去完成他们共同的愿景和目标。

- 通过鼓励人们跳出常规模式来思考问题，并提出建议和提供解决方案来增强下属的能力、自信，以及自主决定意识。通过询问他们的想法和让他们自己做决定，让他们感到被尊重和授权。同时，这也传达了一种有意义的信息，让他们对自己的行为负责。

- 提供建设性的反馈和指导。每个人都想在自己的工作中成长。在完成目标的同时又发展了他人，这些方法能帮助增强信任的关系和提升整个团队的绩效。

- 给每位团队成员记功和认可，来强化他们在实现团队目标过程中的主人翁精神。在给上级管理部门关于团队目标完成进度的报告中，你能确认每项工作的责任人，并将你给上级的报告拷贝给团队里的人，这样他们就知道你把功劳都归于他们。

- 人们不在乎你知道多少（或你能做什么），他们想知道的是你在意什么。在新的团队和同事中，你过往的成功和声誉将不会自动产生尊敬和信任效应。你必须从最基础的建立关系做起，那样形成的信任才能够发展出高绩效的团队。

- 保持对文化习俗的敏感。在一个日益全球化的办公环境里，你需要欣赏和确认彼此的差异，并珍惜它的多样性。想要得到他人的尊敬，你必须先表现出对他们的尊敬。正像一个聪慧的

高管告诉我们的："好的领导者倾听、采纳建
议，不争执，并跟随。"这对任何领导者都是
好的建议。

● 保持谦虚。不要害怕自嘲或道歉。这些行为可
以帮助你获得他人的信任。

> 好的领导者倾听、采纳建议，不
> 争执，并跟随。

第 6 章

激励人心

攀登顶峰的路程艰辛而漫长，人们会感到筋疲力尽和沮丧，并常常想要放弃。他们需要"精神油箱"来鼓舞他们振作。领导者通过激励人心让他们的追随者坚持下去。他们塑造一个环境，让每个人的贡献都被认可和欣赏。因为真诚的关心能振奋人心，并可以鼓舞追随者们奋发向前。在 MyBuys 工作的陈书尧在强调这个观点时说道："每次只要有机会庆祝或感谢一次成功，我就会借着那个场合，用公司的宏伟蓝图来激励团队成员，并且提醒他们，我们已经越来越接近美好的未来了。"

所有的卓越领导者都承诺会通过表彰个人的卓越表现来认可他人的贡献。表彰可以一对一进行，也可以大家一起进行；可以是很激动人心的手势，也可以是简单的活动。最重要的是，它需要个性化，因为用一种对所有人都适用的方式会让人感觉不够真诚，或有强制性，抑或感到不够郑重，就像陈摩斯在为一家跨国电信公司做工程师时曾体会到的那样。香港分公司采用了来自总部的一种激励机制来奖励员工的成就。"我每年都获得同样的奖励。这样奖励的出发点也许是好的，但它实在没有什么特别之处，就是几千美元，然后通过一封邮件告诉你奖金已经转账到你的银行账号。没有人会来到你的办公隔间里，跟你

谈论或祝贺你取得的那些成就。这个奖励方案就好像一个
'官僚程序'，它没有让我或其他任何人因为得到这个奖励
而感到兴奋。"

与此形成鲜明对比的是，阿巴汗·库若维在他成为
Dredging Corporation 印度分公司的首席执行官后采取的
第一个行动是，他创立了一个公司内部的通信。该公司是
为全印度 10 个主要港口提供服务的国有私营公司，通过内
部通信每个月定期向全体员工发布各种成功的故事。他还
启动了一个公开表彰的项目，当面把奖品和简单的奖状发
给个人或团队，来表彰他们优异的工作成绩。阿巴汗坚持
人们的贡献要被充分认可的想法，因为他想要营造一个氛
围，那就是"让团队成员切实感到自己受到领导者真诚的
关心和认可"。

领导者的另一部分职责就是，在组织中通过创造一种
集体主义氛围来庆祝价值的实现和胜利。领导者带领大家
一同庆祝集体的成功，并表示对他们的感激之情，这会加
强集体主义精神和彼此间的承诺。人是群居动物，生来就
喜欢一起做事。庆祝有助于维系相互间共同的纽带。所以
对于领导者而言，无论是表彰个人、集体或企业的成就，
还是鼓励团队共同成长和建立伙伴关系、举办庆祝活动或

仪式典礼，抑或是其他类似的活动，都为领导者提供了与大家进行坦诚交流的绝好机会，并且强化了团队实现共同价值和共同目标的重要性。当领导者带领人们一起来庆祝他们的成就时，不仅他们的绩效会得到提升，同时共同的价值观和信念也得到了加强。

对卓越领导者来说，给予团队成员认可和庆祝是一件严肃的事情。这关系到他们怎样将业绩和奖励明确地连接起来。例如，当努力提高质量，或从灾难中恢复，或开始一项新的服务，或发生任何剧烈的变化时，领导者都要确定人们能持续地看到，他们追求共同愿景所付诸的努力和珍视的价值观之间的连接。友邦保险集团（AIA Group）香港的资深项目经理百斯·伯纳说："赞誉不仅仅是对于一个已经完成的工作，也可以是对于那些将来有可能做出贡献的人的感谢。"领导者知道在举办庆祝活动和仪式时，真诚并发自内心的表达会让下属们知道他们每个人对于企业有多重要，这可以促进他们的集体主义精神并可以共渡以后的难关。

> 对卓越领导者来说，给予团队成员认可和庆祝是一件严肃的事情。

期待发挥最佳水平：相信他人的能力和小小的姿态能使奇迹发生

　　你怎样帮助人们来发挥他们的最佳水平？首先从相信他们开始。相信他人的能力是成就卓越的重要因素。卓越领导者能成就高效工作，因为他们坚信下属的能力，即使是最有挑战性的工作。积极的期望不仅会对追随者的志向产生深远影响，也常常不自觉地影响你如何对待他们。无论你对人们说"我知道你能做好它"还是"你根本没办法做好那个"，你都给了他们某种暗示。那些暗示经常存在于你做的小事情上。你向他们显示你对他们的态度是积极的、友好的、支持的和鼓励的。你向他们展示对微小细节的极大关注来营造一个欢迎和包容的环境。就像邢娟在下面的故事里描述的，即使在看上去混乱的工作场所，持有积极的期望也能让人有信心把事做好。他们创立了一个更和谐的环境，这样事情会完成得更有效率、更有质量，并且是在一个人人都渴望尽心尽力的氛围里。

> 相信他人的能力是成就卓越的重要因素。

　　我在建筑行业做室内设计工作，主要的从业人员往往都是粗犷的男性，他们对待彼此都很无礼。在这个圈子之外，你也会碰到不同类型的领导者。例如，关注建筑完工情况的设计师、项目经理，以及带着他们团队的承包商，还有你的客户——整个项目的最高领导者。不管他们是什么角色，往往在一起的时间不会很长，项目一结束所有人就又分开了。所以，他们不用花太多精力来培养同其他人的紧密关系。这与大家在同一家公司工作，每天都见面的情形很不一样。

　　尽管如此，我遇到了一个客户，在做她的项目时，她激发了整个团队里不同专业人士的激情。那是一个住宅项目，我是作为一名油漆专家参与的。这个客户和她的丈夫，当时正在吉隆坡的一个高档小区里建造一栋相当大的房子。就像做其他的项目一样，一个建筑设计师、一个主要承包商、一个工程师和很多其他供应商一起参与其中。我清楚地记得我们跟客户的第一次面谈，那是在一个还处于混凝土状态的建筑结构上。通常这种工地上的会谈都是在一个特别简单、杂乱的临时会议场所进行的。可是，这个新客户在一个差不多还只有砖墙的房间里,支起了一张桌子,上面铺着白色的新桌布,还有精心安排的鲜花和各色茶饮。我走进房间时充满了惊喜和感动,那就好像我们被邀请到一个小小的茶会一样。

在我进入房间的时候,会谈已经在客户、建筑师和几个承包商之间开始了。在我等着发言的那段时间里,我可以观察到他们之间的互动。除了我和客户,房间里其他人都是男性。她的丈夫也在那里,但很清楚的是——女主人是拿主意的人。我也能很容易地猜出她增加温馨感动的布置是想让这个会谈变得更顺畅。这确实是我参加过的最轻松、最享受的工地会谈。建筑师、承包商和其他人在这个环境里,讨论的时候也都更加专注,更愿意提出更好的解决方案,这对客户也更有利。没有人看上去在盯着自己的手表看时间,或者想要尽快出门去赶赴下一个会谈,这都是在工地会谈时常常发生的情景。这位客户努力去显示一些小小的关心,让一个通常枯燥的工地会议充满了友好的气氛。

这位客户对于我们的讲演很满意,我们被正式接纳到这个项目里。后来,她又打电话邀请我一起喝茶,这次是在一个高级酒店的饮茶场所。我再次吃惊了,因为我们仅仅见过一面而已。尽管我跟我的客户在项目接近结尾的时候多数都变成好朋友，但从来没有客户在一次会谈之后这样邀请过我，而这次下午茶的见面效果显然也很好。

住宅项目通常需要 1~2 年的时间来完成，有时甚至 3~4 年，这主要取决于别墅面积的大小。在项目执行过程中，一般很常见的现象是会看到客户逐渐对承包商失去耐心，或者客户经常变更主意让承包商失去耐心或怠工。协调每个人的工作并让工程照计划按时完工通常是建筑师和项目经理的任务，这并不是件容易的事，它要求很强的领导能力。在这个案例中，这位客户自己却很好地领导着大家顺利完成她的房屋建设。

从技术角度讲，她是一个建筑行业的外行，但这没有关系，因为她雇用了包括我在内的各项专业人员。她期望这个项目里所有人都发挥到最好，这不是说她要最贵的，这个最好是基于我们技术的质量和最适合她房子的标准。当她同专家和承包商讨论时，她给人的印象是真诚的，而不是独裁的，她对我们能做到的事表示感兴趣。当我们提出的建议是她没有想到的时，她就夸奖我们，并告诉我们她是多么高兴能跟我们一起合作。自然，我们是高兴被表扬的，因而也就愿意为她做更多。例如，我们只要一发现适合她房子的新材料，就优先给她使用。

她信任专家的能力并尊重他们的观点。她跟大家保持良好的沟通，这样大家都明白她喜欢什么，她的期望是什么，同时，通过这样的沟通，她引领大家发挥出最好的水平。有时候事情出错了，而且越变越差，但是她从来不生气。相反，她会开个玩笑，承包商就会马上自愿地把它改好。当一个部分完工时，她骄傲地向其他人展示这部分工程做得有多好，这激励了其他人做得更好。她运用良好的沟通技巧在工地的茶话会中，这让每个参与工程的人都期待着下一次会谈，期待着跟她一起工作。最终每个人都密切合作并相互帮助。

《领导力》一书中说，自发的和意外的奖励常常比计划中正式的奖励更有意义。我这个客户的例子就印证了这一点。除了快速有效地按时付款，她偶尔会给我们个人一些小礼物让我们惊喜。我们赞赏的不是物质上的给予，而是因为她想到了我们。整个项目的施工过程都进行得很顺利。在房子完工后，她还举行宴会来感谢我们。从那以后，建筑师、主要承包商、工程师和其他专家们也都相互变成关系很好的工作伙伴。不论何时，只要她需要一些修理或小的修改，我们仍然很高兴去她的家里。她激励人心的能力引领我们尽我们所能来一起为她工作，同时我从她那里也学到了很多。

明确期望和目标：奖励进步需要制度体系和庆祝活动

为了达到最高水平的成就，人们需要明确并且及时对达成目标的进展给予反馈。当你建立的工作流程既能提供一个清晰的方向感，又能一路上提供反馈，那么人们会去追逐内心并付出他们最大的努力，但是没有一项是可以从远处完成的。在这个案例中我们看到，为了成功扭转亏损的工厂，一个领导者如何在教练的辅导下改变了自己的行为。这意味着领导者越来越多地亲自参与员工活动，设定管理体系和认可成就的体系，并对达到里程碑式的成功提供物质和非物质的奖励。

> 人们会去追逐内心并付出他们最大的努力，但是没有一项是可以从远处完成的。

只有好的执行者才能成功实现伟大的计划。当时，我们有个机会接管了中国宁波一家濒临亏损的工厂，并计划把它扭亏为盈。我们全权接手了整个团队，并重组了我们认为合适的领导层和发展战略。我们意识到，除了以身作则和制定战略，我们必须让工厂的工人们跟我们站在同一战线上。唯一的方法就是通过富有人情味的互动了解他们的动力来源，但是我们没有充足的时间来做这些。高级管理层非常怀疑我们能否成功扭转这一局面，在他们决定我们能有这个"最后"的机会之后，才仅仅一天他们就已经开始谈判出售这些设备。

只有好的执行者才能成功实现
伟大的计划。

这个团队在处理生产方面和解决工厂的具体问题上是高度熟练的，我们要改变的是把它的企业文化从一个失败的、互相指责的，扭转为一个成功的、能进行合作的。我们必须让工厂的工人们相信我们，简单地改变人员或重组都不能达成这个目的。我们决定紧密地同新上任的总经理——彭先生一起工作，并教练他成为一个卓越领导者。

彭先生最初的领导风格是跟他的员工保持一定距离，

这归咎于他的性格特质。他想当然地认为一个中国区域的总经理就应当是这样的。无论如何，他的这种疏离很快成为一个障碍，因为这阻碍了他同中层经理们发展密切的关系，并使他远离了生产线的员工。为了使彭先生能激励工厂人员到一个新的高度，他需要改变，需要跟他的全体员工（从经理到生产线工人）建立个性化的连接。

我们从建立一个绩效管理体系着手。如果你想要一个适当的、有效的体系，你需要了解你的员工，并且真正地弄懂谁是好员工及其理由。我们跟彭先生一起努力来达成这个目的。一个明确的体系被执行，这奠定了很高的期望和目标，彭先生负责的工作就是把这个绩效管理体系介绍给工厂里的每个人，这意味着他必须和各部门逐一讨论并通过他们定义指标和目标。这个过程突破了中国文化中森严的等级制度，并允许上下级之间发展出友好的关系。

一旦体系就位，下一步就是确保团队具备成功需要的所有条件。我们要证明这家工厂能快速起死回生，就需要有立竿见影的效果。年薪方案这个诱惑难以吸引人们立即行动起来，所以我们把短期成功和短期薪酬捆绑起来。一个针对最佳员工的月度奖金计划被介绍给大家，评选过程保持透明，可以向员工确保评估是公平的，这会使员工为了最高荣誉而相互竞争，是一个好兆头。人们可以看到这儿没有偏袒，小小的竞争可以让他们达到最好。

在开始跟员工有了更多的私人交流后，彭先生意识到他想要更多的反馈，但是由于传统习惯的影响让人们开口讲出来是一件很困难的事，特别是在会议室里。于是，他很快出台了一个解决方案。那个用于帮助持续改善的建议箱，在我们来之前的三年里都是空置在那里，这次他提议用"奖励现金或一颗红星的方式来征集员工好主意"的方法。任何我们认为有价值的建议将会奖励人民币 100 元，任何被采纳实施的建议奖励人民币 200 元。结果，一些原本害怕在会议中发言的人通过建议箱呈上了很多很棒的想法。在两个月的时间里，我们已经给出了 8 颗红星，更多的还在考虑中。当人们看到自己的投入被重视时，结果是会议中的互动也增加了。再一次，我们建立了一个正式的系统帮助我们打破了从前盲目僵化执行的那套规矩。

对彭先生最终的教练辅导是推动他落实员工满意度的问卷调查，落实问卷用来确保每个人都有权发出自己的声音，即使刚刚招进来的生产线工人也参加了调查。我们费了很大力气来保证整个调查是完全匿名的。这个结果也告知我们需要从哪些方面去花费精力来提高员工的满意度。

　　彭先生在团队建设方面的努力付出很快就有了回报，他用 8 个月的时间就使工厂扭亏为盈。更重要的是，他也成功地为企业文化带来了改变。这年的中国新年庆祝会是一个重要的时刻，这是我们举办的第一个新年宴会，也是这家工厂过去 4 年里唯一的年会。当我问为什么是唯一的时，我被告知"以前我们没有任何值得庆祝的理由"。

　　当我在宴会上发言时，我明白了这是什么意思。我列举了我负责的其他工厂，以及他们的优点，我问员工："你们的工厂是比他们的更好吗？"响声震耳欲聋，超过百人的生产线工人和诸位经理异口同声地对我喊道："是的，我们是最好的！"这完全是没有事先编排的引导，一个真正惊人的从心底里发生的变化在一个很短的时间里发生了。我从没在其他工厂看到过这样的热情。我本来是到那里去鼓舞他们的，但是那天晚上，我才是备受鼓舞的那一个。

　　彭先生和他的团队在那个工厂做得非常棒。他需要的只是一个指引正确方向的引导。我相信运营一个工厂是不难的，但是激励一个工厂成为杰出的工作场所只能是通过企业里每个人发自内心的认同。

表示欣赏和感激，或拿自己的成功去冒险

经常激励人心的领导者比那些较少鼓励员工的领导者，拥有更多敬业的员工，企业也有更好的业绩。所以，如果你想要建设和保持一种优秀的文化和特色，那么你必须持续不断地提高你认可别人并与之庆祝的能力。当他人说你应该更多地感激和欣赏别人时，你需要保持开放的心胸对待来自导师和同事的反馈，但就算最能干、最有晋升潜力的经理也会忽视建议。有些人对不断改进是开放的，但有些人并不是这样的。正如我们在下面的例子中将看到的那样，在认可贡献、庆祝价值和胜利战果上，除非领导者们愿意不断地做得更好，否则将会严重限制他们的发展。

经常激励人心的领导者比那些较少鼓励员工的领导者，拥有更多敬业的员工，企业也有更好的业绩。

詹妮佛是个非常出色和极其忠诚的经理。我是她的执行总监，有她参加到我们的团队是我极大的荣幸。她从开

始作为团队主管，再到成为商务采购经理，詹妮佛总是努

始作为团队主管，再到成为商务采购经理，詹妮佛总是努力并尽责地工作，对本部门的每个订单都认真负责。她要求自己跟她要求团队一样，这使她成为以身作则的很好范例。詹妮佛对她部门的目标很清楚，她的下属对目标也很清楚。

当詹妮佛认为工作中有些事可以做得更好时，她会毫不犹豫地大声说出来。从我的角度来看，她真诚直率的风格是一个很大的优点。我经常征询公司里其他经理们的看法，但是收到的都是模棱两可的回答。我曾把这归结为一种文化差异，那可能是员工们对经理的尊重，但是我一直在寻找能够畅所欲言和敢于挑战现状的人，而詹妮佛就是其中的一个。

詹妮佛似乎能够承担领导一个更大部门的工作。除了她的工作技能，她成长在中国的澳门和香港，熟悉这里的商业环境，能讲粤语和普通话。可是，很明显的是她似乎缺少了一些东西。最终我意识到，相比其他方面，詹妮佛在激励人心和与员工连接方面缺乏技巧。这个问题在销售持续增长，每个季度我们需要增加人手的时候显得突出了。

我们的行业正遭受较高的员工流失率，大多数人都是在一个地方工作1~3年就换到另一家公司。这使我很沮丧，无休止的面试和我们在人力资源上巨大的投入，结果却是让人们不断地离职。我和人力资源经理一起试着找出高流失率的原因。我们注意到一点，大多数部门的员工要么在两周或三周后离开，要么就待两年或更长的时间。但是在詹妮佛的部门，很少有人能待到一年以上。我跟她就此讨论了好几次，她的反应是越来越难雇用到得力或资深的员工，是因为他们都被其他行业吸引走了。

我没有直接向她深究原因，但是我悄悄地决定，从那些离职的人那里取得反馈来看看他们怎么说。毕竟那些离职的人跟我说实话对他们而言不会有任何损失。经过几次面谈，事情变得清楚了，当詹妮佛告诉她的团队要做得更好、更快、更有效率时，他们没有得到积极的反馈，也没有詹妮佛对他们贡献的认可。他们收到的唯一反馈是年底的奖金，但它来得太晚了，没能及时跟他们的工作表现挂钩。这让员工感觉他们不过是在履行自己的职责而已，企业不懂得对他们的优秀表现表示欣赏和感激，他们因此而沮丧。

　　我把这种状况和其他部门及其经理做了比较，这些经理并没有比詹妮佛更有才华或更专业，也肯定不比她勤奋，但是他们有奖励体系。员工的个人卓越成就是被欣赏和感激的，当实现价值和获得胜利时，大家通过在一起庆祝创造集体主义精神。例如，有一个经理请求带上好几个员工来跟我一起开会，好让他们的贡献能被上级认可。其他经理们会带员工一起午餐或晚餐来庆祝生日，或欢迎某个海外出差归来的员工，或请求延长午餐时间，或申请一个午餐的预算来庆祝一个困难订单的完成。从我这里来讲，当我收到因为表扬一个员工而很好地处理了一个困难局面的邮件时，我会将邮件转发给相关个人及其经理。我有时也发送给其他部门的经理们，指出这是一个很好的处理危机的方法。所有这些行动认可了他们员工的成绩，还教会其他的经理们作为导师能够做什么。

　　很清楚，其他部门的经理们加入公司的时间比詹妮佛短，但他们显露出了更强的领导潜质，得到很好的发展机会，甚至比她晋升得快。在我对詹妮佛下一轮的绩效评估期间，我试着从很多方面来证明认可贡献和庆祝价值的重要性。在我们的一次会谈中，我向她解释，人们都想要信任和关心自己利益的经理。说来说去，这就是激励人心。

作为领导者和经理，我们需要去创建一个展示对员工贡献认可并给他们积极反馈的体系。作为回报，员工得到激励，同时这也促进了和谐。遗憾的是，詹妮佛没能理解这个观点，也没改变或改进她的工作方式。这个事例向我们说明，一个专业、勤奋的经理如果不能与员工建立起个性化的连接是如何被限制了发展的。

🔵 表达关爱：学习如何欣赏他人的工作

与前面的例子相反，我们从下面梁先生的故事里学到，一个年轻的经理很明智地接受了一个导师的意见，并学会在激励人心的实践中更加得心应手。他越来越亲自参与，越来越接近他人，建立积极的关系并且学习怎样更有效地认可、奖励与加强庆祝他人卓越的努力和成功。这个案例显示了当你以开放的心态来学习时，你就能提高你的领导力。它也清楚地说明了，表达关爱有着一种极大的力量。

表达关爱有着一种极大的力量。

当我们公司要在中国设立另一个办公室时，我决定让一个年轻的经理来负责。梁先生是一个只有 24 岁的外国人，不会说中文，显然他需要一些指导。我问自己想要提供给他什么样的激励和工具，我列了一个单子，上面写满了有关职业和技术上需要支持的地方，但我决定把特别的关注投入在个人交流上。

我个人一直被员工的忠诚度激励着。在过去的很多起起伏伏中，我有一批跟随我超过十年的员工。我相信这是因为他们信任我的管理，并相信即使在最困难的日子里他们的利益和福祉也会被关照到。

多年来，我做了一些激励人心的事情，包括邀请员工同经理们一起到海外休闲旅游；公告每月最佳员工并奖励他们小礼物，如电影票、餐厅优惠券或一瓶酒等；赞助那些勤奋工作并取得好业绩的员工进行职业培训；当一个季度的生意都已确定好时，我带领团队外出午餐，账单由公司支付。创建一个薪酬激励体系对激励员工的未来贡献很重要，因为这不仅奖励了过去的成绩，也奖励着未来成就的可能性。激励人心不仅仅是有形的奖励，员工们同时要求他们的经理在时间上投入，所以我花时间指导梁先生，就好像对我现有的经理们一样通过建立信任和创建期望来展开。这样做的有效方法是从确定目标开始，按照预期的方式来认可员工，并且提供奖励作为惊喜。

要鼓励你的员工认识自身的价值，并看到他们能成就的要比他们自己想象中更多。赋予人们责任，特别是那种让他们感到他们是全权负责履行自己的责任。这一点特别重要，因为它能帮助我们培养一个人的自信和"去赢"的意识。例如，你可以让你的下属去跟客户和供应商见面。当然，前提是没有存在什么太大的风险。你可以提前就成本、价格和交货时间等向他们进行提问。如果应答得好，就可以让他们继续去谈判；如果不好，也可以通过问问题来帮助这个人找到正确答案。下属在这里的成功能使他们意识到，他们能做到的远远超过他们最初期望的。

梁先生对我的这些例子很留心，并且在这基础上有所提高。他通过邀请他的员工们到自己家里来轻松地享用晚餐这样一种方式，设法跟他们建立个人关系。随后他也被员工们邀请到他们的家里去做客。员工们信任他，并且就他们个人的私事询问他的意见，员工们对他的感觉是很尊敬又很自在的。这种密切的关系对办公室的效率和氛围影响很大。梁先生的员工不想在职业层面让他失望，甚至私人的事也一样，而这让公司有了更大的稳定性。

梁先生是一个敏锐的人，虽然他很年轻，还不太有经验，但是他理解亲近自己员工的积极作用和力量。他在领导力方面取得的成功比那些更有经验的经理们多，因为他懂得如何激励人心。

实践：激励人心

为了激励人心，你通过表彰个人的卓越表现来认可他人的贡献，通过创建一种集体主义精神来庆祝价值的实现和胜利。

> 激励人心意味着关注的重点是对方，而不是领导者自己。

这里有一些重要的经验教训，领导者们说他们从本章中学到如何去应对的：

- 当你期望每个人发挥最佳水平时，你必须信任团队的能力，并尊重他们的观点。

- 自发的和出其不意的奖励常常比计划好的正式奖励更有意义。按照计划好的方式来认可人们，但也提供奖励作为意外惊喜。

- 激励人心不仅仅是奖励，虽然有时候是这样的，但下属想要他们的领导者投入个人时间来建立信任关系和共享期望。

- 人们希望领导者是信任他们、关心他们的利益的人。激励人心意味着关注的重点是对方，而不是领导者自己。创建一个奖励体系，不仅是展现你对下属贡献的赞赏和给予他们积极的反馈，也是教导其他领导者怎样成为一个有效的导师。

- 创建一个薪酬体系，不仅是对过往的成就予以奖励，也是在奖励未来的潜力。

- 要鼓励你的员工们认识他们自身的价值，并看到他们能成就的远比他们想象中多。赋予人们责任，特别是让他们感到他们是全权负责履行自己的职责。

- 倾听反馈。当别人建议你要更加经常地激励人心时，请接受他们的建议。也许你个人认为是不必要的，但是他们认为需要，那它就是被需要的。人们需要被鼓励的程度有所不同，作为领导者，确保他们得到他们需要的东西是你的工作。

- 亲自参与。人们需要看到你认可他们的贡献，并且通过庆祝价值的实现来让人们相信这是真正重要的。通过以身作则和为他人做榜样，你也在同时教会他们怎么做事。换句话说，表示出你的关爱。

第7章

创造不同

以身作则

共启愿景

挑战现状

使众人行

激励人心

通览全书，你已经阅读了亚洲领导者们创造的卓越故事。案例的作者们每天都在践行着领导力，为他人的生活带来积极的改变。他们并不是历史上著名的领导人、首席执行官或者登上商业杂志封面的著名商业人士，他们只是勤勉、投入、努力，如你一般的领导者，而且他们往往就是周围办公室或组织中的一员。他们可能是曾与你共处一室的某位同事；可能是你曾经共事过的某位上司；抑或他们就是你团队的某位成员，甚至是附近许多办公室或组织中的一员。

本书中的案例证实了高效的领导力跨越了性格、组织和文化，而且领导力不受地域、年龄、性别或职能的限制。因为领导力不是代表地位或职衔，也不是关于组织内的权力或权威、名誉或运气。领导力更不取决于你生于何种家庭，也绝不是用于成就英雄的。

领导力是关于你做什么的。书中每个故事的重点在领导者的行为和行动上。这些作者们谈到了他们自己或者所仰慕的领导者在个人最佳状态时是如何做的。他们谈到了领导者们通过每天实实在在的一件又一件小事情来激发他人为了共同的愿景而努力。作者们强调了领导力是关于构建关系、实践信任，以及促成实现的。虽然全书的关注点是亚洲的组织和领导者，但故事很清楚地表现了领导者的实践在每个地方都存在，每个人都可以作为领导者。领导力是每个人的事。

领导力是每个人的事。

更进一步地看，这些案例表明他人与践行卓越领导力五种习惯行为的领导者们共事时，会表现出对他们的领导者的行动和战略产生更高的满意度。实证很明显，当领导者越经常表现出以身作则、共启愿景、挑战现状、使众人行及激励人心时，追随者们越能感到承诺、兴奋、被赋能、受到影响和变得强大，并且他们的效能也更高。这样的产出并不仅限于本书的领导者。越多地积极实践卓越领导力，你越可能对自己组织内的人产生积极的影响。

领导者创造不同。如果你希望给他人、社区、组织带来意义深远的影响，投资于学习来成为最出色的领导者是明智之举。但是首先你自己必须相信卓越领导者就住在你心里。

领导者创造不同。

你是自己组织里最重要的领导者

如果你在一家组织中担任管理工作，那么对于你的直接下属来说你就是组织中最重要的领导者。你比他人更能影响大家在组织中去留的意愿、职业生涯的轨道、商业道德的行为和他们对工作的全力以赴、对超越客户期望的动力、对工作的满意度，以及他们愿意去分享组织的愿景和价值观的驱动力。

如果你已经为人父母，或者是一名教师、教练或其他社会贤达，那么你就是那个为年轻人树立领导力范例的人。在应对竞争性境况、处理危机、承担损失或者解决道德困境时，你就是他们最有可能寻求榜样力量的那个人。不是其他人，就是你。

最能对他人产生影响的领导者是与他们最近的人。一旦你破解了领导力是关于职位和权力的神话，你就能以崭新的视野来看待领导力。KANA 软件公司的产品方案经理尤卡利告诉我们，在她重新审视了自己对领导力的假设后，她对领导力的看法有了巨大的改变：

我过去的想法是领导者必须是一个大机构的高管。在这个观点的影响下，我的现状和成为一名领导者之间的鸿沟是无法跨越的。现在，我认为领导者存在于每个层级，可以是带领着任何规模团队的人。如果你践行领导力的最佳实践，那么你就是一个领导者，因为身边的人愿意追随你。从这个意义上看，我感觉自己已经是位领导者了。

类似地，当人们回想起他们最仰慕、最愿意追随的领导者时，人们往往都如一位我们曾经采访过的中层经理人一样，得出这样的结论："我情不自禁地会想作为人类，我们担任领导者的优势和我们的样貌一点关系也没有。相反，它和我们所感受到的，我们如何看待自己息息相关，领导力可以应用于生活的方方面面。"

> 如果你希望变成一位更好的领导者，你首先必须坚信领导力可以应用于你，你可以成为这世界上正能量的一部分。

这就是关键。如果你希望变成一位更好的领导者，你首先必须坚信领导力可以应用于你，你可以成为这世界上正能量的一部分。无论地位如何，你必须为你下属接受到的领导力质量负责，你要为自己展现的领导力承担责任。并且，对于和你最近的人来说，你就是他们最重要的领导者，你真正拥有的唯一选择就是你成为自己能达到的最高境界的领导者。

领导力是学习到的

很多时候领导力被认为是仅仅一小部分人所拥有的，每当有人问领导者是先天的还是后天的，我们的回答总是报以一个微笑，然后说："所有的领导者都是先被生出来的。①我们可从来没有见过一个不是生出来的领导者！这同样适用于会计师、艺术家、运动员、父母、动物学家等，随便你说一个。我们都是生出来的。但是，在离开人世前，我们怎样应用自己所拥有的，则取决于我们自己。"

> 领导力不是先天基因，也不是不能为常人译解的密码。领导力是可以学习获得的。

认为仅有幸运的少数人理解错综复杂的领导力纯粹是个错误的观念。领导力不是先天基因，也不是不能为常人译解的密码。领导力是可以学习获得的。它是一套可观察到的实践和行为模式，一套可界定的技能和能力。任何

---

① 原文为 All leaders are born。Born 既可解释为先天的，也可解释为出生，作者在这里开了个玩笑。——译者注

技能都是可以学习、强化、磨砺、提升、赋予动机和渴望的，同时伴随实践、反馈、榜样和辅导。例如，研究表明，参加领导力发展项目的学员可随时间而改善提高，他们通过不断学习可以成为更好的领导者。

令人非常好奇但又有启发作用的是，根本没有人问："管理可以教会吗？经理人是天生的还是后天习得的？"为什么管理被视为一套技能和能力，领导力却被制式地看作一种天生的人格特质呢？很简单，人们假设管理是可以被教会的。因为有这个信条，数以千计的商学院得以创立，每年都有好几千门管理课程被教授。因为认定人们可以学会和优秀管理实践相关的态度、技能和知识，学校和公司也成功培育了有才干的经理人。这些也就进一步强化了人们认为优秀管理技能是可习得的看法。

同样的说法适用于领导力。不是领导力潜质的缺失阻碍了更多领导者的发展，而是固执地认为领导力不能通过学而习得。这种萦绕不断的错误观念对于领导力发展的阻碍，远远大于本身是否有领导者的天分或是否熟知领导的基本流程。

卓越领导的五种习惯行为提供了一个经受得起时间考验和人际互动环境中的检验的观点，去除了领导者是天生的那种神秘性。事实说明，任何人都可以通过学习、自我察觉和努力来习得领导力，而这只取决于你是愿意去追求领导力发展之路，还是忽略你自己内心领导力的召唤。虽然不是每个人都是富有历史意义的领导者，但是你可以在平常的活动中更多地承担领导者角色。这种经历将会更值得和更有意义。

不要将领导力视为是取决于先天性格特质的，并自我设限地预测和断定社会上只能有少数优秀的领导者，而要预设告诉自己每个人都能学习领导力。相比之下，这样的想法是不是来得更健康和高效呢？对自己自信，对自己学会领导的能力自信，你就会确信当那个召唤到来时，自己已准备就绪。

首先，领导自己

领导力发展是自我发展。工程师有电脑；画家有画布和画笔；音乐家有乐器；而领导者只有他们自己。领导者的乐器是自己，对于领导力艺术的精通来自对自我的精通。自我领导不是塞进一大堆新信息或尝试最新的技巧，它是带出已经在你灵魂深处的东西，释放出你的内在的，并充分地发挥出你的潜能。

领导力发展是自我发展。

对于领导力的探求首先是发现你是谁的一种内在探索，通过自我发现带来领导力所需的信心。自信是对于自我力量的真正觉醒和信念。只有你致力于寻找和开发时，这些力量才会变得清晰和有力。

领导者的乐器是自己，对于领导力艺术的精通来自对自我的精通。

- 对于价值观和愿景，我自己的信念到底有多确定？

- 我的优势和劣势是什么？

- 我怎样应对失望、错误和挫折？

- 为了推动组织前行，我需要提高自己什么能力？

- 我和追随者的关系有多坚固？

- 我怎样让自己保持有动力、受鼓舞的状态？

- 在这个时刻，为什么我是适合的领导者？

- 我对组织内正在进行的事情和它所在世界的运行了解多少？

- 应对组织所面临的复杂问题，我的准备程度有多高？
- 在未来十年里，我认为组织应该前进的方向在哪里？

自信是对于自我力量的真正觉醒和信念。

对这些问题（及从这些问题中引申出来的问题）的诚实作答会告诉你必须把自己放到一个更全球化的视角。身处最前沿的领导者，通常也是第一个面对组织边界外的人。你对这世界了解得越多，你就越容易自信应对。所以，你应该寻求尽可能多的学习活动来了解那些影响你组织和行业的力量，如关于政治的、经济的、社会的、道德的或艺术等各方面的活动。

诚实作答这些问题后，它会告诉你为了尽可能高效，你必须增进对他人的了解，发展你激发他人朝着更高目标迈进的技能。为了成为一名领导者，你必须有出色的人际交往能力，一定要能发展他人对你的信任和尊敬。诚实作答不总是来得很容易，但是当你自己找到答案时，你会明白从你的内在发现的东西是什么，你本身自有的东西又是什么。这些都不是别人给你放进来的，而是你真正的天赋所在。

当然，任何人都不应该误导他人去相信他们能实现不切实际的目标。但是，也不应该假设仅有少数人能获得卓越领导力（或者任何其他人要努力达到的高度）。那些能成功激发出他人最优秀一面的人，他们在设定目标时，也是依据可实现的程度与可发展的空间和潜能来设定的，并相信自己有开发他人才能的能力。研究者证实了高效领导者总是在持续地学习。他们将所有经验视为可以学习的机会，而不是只有课堂或者工作坊里的正式培训才是学习。他们总是在寻找自我提升和改善组织的途径。通过阅读本书，参与发展其他人的活动，你展示了你的领导潜力。即使有些人认为他们学不会领导，你也必须相信你和他们都可以。你对自己和他人的信念，就是一切的起点。

尽管领导力可以后天习得，却不是每个人都想学习的，也不是每个学习过领导力的人都能精通的。为什么？因为要成为最出色的领导者必须有希望出色的强烈愿望，有能学会新技能和新能力的坚定信念，以及反复实践和持续学习的意愿和投入。不管你已经多好，你一定要想做得更好。真实的情况就是最好的领导者也是最好的学习者。

不投入时间和实践，你无法学会成为一个优秀的领导者。

最好的领导者也是最好的学习者。

领域内的一位知名权威人士，佛罗里达州立大学（Florida Sate University）的安德斯·埃里克森教授也做出过类似论断："除非大多数人能认识到持续的培训和努力是达到卓越绩效的先决条件，否则他们会继续把自己的成就不够归结为先天禀赋不足，这样是不能开发出自己潜能的。" 通过30多年的研究，安德斯和他的同事们发现，不论是在运动、音乐、医药、计算机编程、数学还是其他任何领域，先天禀赋都不足以让人出落为拥有卓越绩效的人。天赋不是解锁卓越的钥匙。

天赋不是解锁卓越的钥匙。

令人惊讶的高智商也不等同于卓越绩效。有一些世界级的人物确实才华横溢，但在很多实例中，大部分人的智商是中等水平。类似地，积累的经验也不一定让某人卓越出色，更不要说那些最出色的了。这可能听上去让人惊讶，有时候经验年数越多，在某一专业领域与那些刚毕业的人

相比，绩效可能更差。

能让卓越绩效从优秀绩效中脱颖而出的就是一小时一小时有意识地实践。你一定要付出努力来成为最出色的，这当然不会一个周末后就成真了。如果你想达到最高的专业水平，估计要 10 年时间，1 万小时的有意识实践，也就是每天都要大约 2.7 小时，这样持续坚持 10 年！

换句话说，为了能够成为你可以成为的最好的领导者，你必须有学习的热情。你一定要对新经验保持开放的态度，诚实地检查自己和他人做得怎么样，特别是在不确定的情况下。你一定要能快速地从自己的成功和失败中学习，并且毫不犹豫地尝试新办法。你不会总是正确或完美地完成工作，但是在过程中你会得到成长的机会。

领导力是一种选择

有时候领导力被想象成宏伟壮丽的东西。宏大的愿景、改变世界的倡议或改变数以百万计的人们，都是壮丽恢宏的种种可能。但是，真正的领导力是每时每刻都有创造的权力。赛格·尼克甫洛夫是组合国际（CA Technologies，世界最大的独立软件公司之一）的俄罗斯和独联体的全国经理，他对我们这样说：

> 真正的领导力是每时每刻都有创造的权力。

我从哪里入手来成为一个更好的领导者呢？这个问题困惑我有段时间了。我很天真地认为成为更好的领导者意味着要做出大事，如移一座山、拯救生命、改变世界。但如你所指，那些壮丽恢宏的事情对于个人来说通常都是难以达到的。

然后我悟出来了，那是我想得太自私了。我看到的是即刻的满足与对我技能和天赋的认可。尽管我工作上遇到的和你书中的案例很相似，但是我应对的方式远不理想。在大部分情况下，我使用了错误的工具和方法。

我开始发掘，其实每天我都有机会做出一些小小的改变，我可以更好地辅导他人，更好地倾听，更积极地对待他人和更多地对他人说"谢谢"，我可以……这个清单就这样继续着。

最开始，我为自己能在一天里找到这么多成为更好领导者的学习机会而感到震撼，但是当我将这些理念诉诸实践时，我惊喜地看到通过有意识的实践去做个好的领导者，自己居然能做那么多的改进。

谢盖尔找对了要点。每天你都有无数创造不同的机会。领导力是一种选择，每天都有很多时刻你可以选择去领导，每天也有很多时刻你可以选择去创造不同。每个这样的时刻、这样的选择，其实都给了你践行领导力的机会。

> 领导力是一种选择，每天都有很多时刻你可以选择去领导，每天也有很多时刻你可以选择去创造不同。

这些机会可能是和一个下属的单独会谈，或者和同事们的会议；可能来自和家人共进晚餐，也可能来自你在会议上阐述自己业务的未来，或者可能来自你倾听一个朋友关于最近和同事的冲突，等等。每天都有很多这样的时刻，你可以选择去领导，你可以选择去创造不同。每个这样的时刻，都会为创造出持久的传承做出贡献。

当你选择去领导时，同时选择了服务他人。领导不是你从他人身上得到什么，而是他人从你身上得到什么。这意味着你必须准备好牺牲、教导、学习、对真实的反馈、保持开放态度，并且永远都不要认为作为一个领导者，你能单打独斗。

每天当你选择了去领导，你会释放出与他人一种非常特别的关系，你表达出的独特的个性化的关系。领导者应该想要被他人喜欢，这可能和以前别人告诉你的相反，如果追随者感受不到关怀的连接，他们就不能为这位领导者做到最好。但是领导者也不要想创造出一个大家总是看法一致的环境，建设性的冲突对创造力和创新是必要的。但所有的人与人之间的关系都建立在信任的基础上，缺乏凝聚力会让关系脆弱。你永远不能认为得到信任是想当然的。你必须去赢得它，建立它，并且每天都去维系它。在一个有信任氛围的地方，领导者可以放开控制，让他人具有为自己的行动自我承担的主人翁精神。

每天当你选择了去领导，这表示对你而言最重要的是长远的成就而非计较短期的成功。尽管向前看可能是区分领导者和其他可信赖人士的一个特质，但未来不只属于领导者一人。领导者只是"未来"的托管人，他们的追随者才是"未来"的居住者，居住者要能参与设计他们未来的居所，这就意味着领导者要把他们的追随者转变为领导者，而领导者也要愿意自己成为他们的追随者。

所有这一切都需要了不起的勇气，要勇气来领导，要勇气来创造生活。和领导力一样，勇气也是一种选择。你可能不知道什么时候需要有勇气，也可能不知道什么时候需要去领导。但是，对你所拥有的卓越领导五种习惯行为的知识和技能保持信心，当你一定要做出选择时，你会发现为那个时刻你已经做了最好的准备。

译 者 跋

在本书翻译接近尾声时，全世界都在悼念一位声名卓著的领导者，被美国总统奥巴马称赞为"最伟大的历史人物之一"的南非国父纳尔逊·曼德拉。

生于黑人贵族家庭，曼德拉却放弃了舒适、自由的生活，投身于反对种族隔离的斗争，其中包含长达 27 年的铁窗桎梏生涯。1994 年当选总统后，曼德拉选择了宽恕，以一颗"温柔"之心致力于为南非构建全新的社会根基。被奉为"国父"的他，却在一个任期结束后就交出权杖，实现了关于民主的承诺。生前经历恢宏如史书，身后极尽哀荣入庙堂。

这不就是充满魅力的领导者吗？这不就是拥有圣贤品质的最好诠释吗？这不就是如你我般平常人难以企及的卓越吗？

可是，亲身走过这一路的曼德拉自己说："我不是救世主，而是一位因特殊情势演变为领导者的普通人。"

他曾在狱中咬紧牙关，培养对愤怒的自控力。在一次差点暴力攻击一位监狱官员后，他自我反思："尽管我让监狱官闭上了嘴，但他已经让我违背了自己的自我控制原则。这一次，我认为我败在了对手的手中。"

为了让非国大在 1994 年的大选中胜出，他曾四处游说，希望能把选民的最低年龄从18 岁降至 14 岁。受到批评后，他承认错误，在日记中写道："我做出了一个严重的误判。"

在总统任期内，他很大程度上忽视了艾滋病在南非的病毒式蔓延。到他离任时，南非成年人的艾滋病感染人数已攀升至 11.7%这一令人震惊的比例。他积极发声，承认没有把艾滋病列为优先是个错误，坦陈自己的儿子也是死于艾滋病，以此教育大众检测和治疗的必要性。

是的，领导力不是先天基因，也不是常人不能译解的密码。领导力可通过学习来开发。它是一套可观察的实践和行为模式，一种可界定的技能和能力，还可以通过许多生动翔实的实践案例，来告诉人们它的具体展现形式。

本书就是最好的指南和实证之一。库泽斯和波斯纳两位教授通过 30 年时间在全球范围内对数千位卓越领导者的深入研究，以及每年数以 1 万计的测评验证结果揭示出了领导力的真谛——卓越领导者都具有五种习惯行为：以身作则、共启愿景、挑战现状、使众人行和激励人心。在全球环境下历经数十年的实践检验和验证，这五种习惯行为愈加散发出勃勃的生命力，证明了领导力跨越种族、文化、地域、基因、家族传承，能够被有意识地习练而提高。难怪有人说，如果在当下迎合人们热情而大量出版的领导力书籍中只选一本，那就是这一本。

不断开拓国际视野的中国的领导者们也非常期待分享本地区的案例和故事。

这本亚洲案例集，记录了来自中国、印度尼西亚、菲律宾、泰国等亚洲领导者们如何创造卓越的故事，每个故事都详略得当，文辞生动，场景熟悉得好似我们自己每天的办公室，可是这些践行者们用这五种习惯行为缔造了卓越，创造了非凡，书写了属于自己的领导力传奇。

每当我在培训课堂上和学员们分享这些真实的故事时，他们都会全神投入，静听沉思，案例中的主人公不是辉煌的名人，而是和他们一样敬业乐业、追求进步的职场人士，他们可能就在邻近的某幢写字楼上班，他们可能就是自己曾经拜会过的某位客户，他们可能在某一天就会成为自己的团队成员。正因为这样栩栩如生、亲切平和，背后又蕴藏着真知灼见，才能如此打动我们的学员，让他们打破领导力是天赋的迷思，发自内心地渴望自己也通过践行这些习惯行为，自我开发与提出，从而释放出自身的领导力。

在翻译本书的过程中，曾有幸与基于此五种习惯行为开发出的培训课程的几位主要中国授证培训师讨论，他们谈及自己会非常乐意给正在成长的企业、公益教育组织和政府机关讲授本课程，因为这可以带来更多的影响，激发起一个人、一个团队、一个组织和一个社区的正向改变。我自己也在翻译的过程中不断地被感染和被打动，对这五种习惯行为不断产生新的认知，并不自觉地应用到自己的工作和生活中，从而惊喜地发现它们所带给我的不同。

在一封写给妻子温妮的信中，当时还身陷囹圄的曼德拉写道："永远不要忘记，所谓圣人就是不断尝试的罪人。"这位伟大领导者的心语启发我们，每个人的内心都住着一个领导者，或许我们需要做的就是，相信自己，并且不断尝试。并不一定如曼德拉般拥有令人赞叹的成就，但完全可以成长为更好的自己、更好的父母、更好的上司，为自己、为他人、为社区创造不同。这本亚洲领导案例集，就是其中的精彩时刻，帮助我们更准确、更深刻、更有效地探索这了不起的内在旅行的真谛。

希望能对读者诸君有所裨益。

是为跋。

李云燕

领越®领导力研修·领越LPI®

领越®领导力研修，是作者在本书"卓越领导五种习惯行为®"（The Five Practices of Exemplary Leadership®）的基础上，为希望由本书开始走上提升领导力之旅的人所研发的进修课程。领越LPI®（Leadership Practices Inventory）是作者发明的360度领导力测评工具。自1985年领越LPI®第一次被使用以来，参与评测者超过500万人。通过领越LPI®的测试，自评者能够清楚地了解自己领导力的短板和长板，并以此为起点，走上自我发现、自我行为修正的领导力提升之路。

"领越®领导力研修"项目创立30多年来，参与者来自世界各地的政府、企业、营利和非营利组织、学校、个人，成为目前世界上声誉最高的提升领导力研修的课程之一。

Q：从哪开始"领越®领导力研修"？

A：从学习认识"卓越领导五种习惯行为®"开始。

Q：如何测量领导力水平？

A：通过领越LPI®来测评领导力行为中的短板和长板。

Q：如何塑造卓越的领导者？

A：如果想成为卓越的领导者，必须要进行领越®领导力研修，并要结合领越LPI®评测工具来进行，以确保自己从此走上正确而有意义的领导力自我发现与提升之旅。

Q：领越®领导力研修的目的和内容是什么？

A：参加研修者在开始研修前，首先进行360度领导力自评与他评，获得测评反馈报告。然后在认证导师的带领下，进行为期2~3天的研修，深入解读领越LPI®反馈报告的内容，了解自己领导力的长板与短板，理解"卓越领导五种习惯行为®"，学习提升领导力的工具方式，明确自己今后持续提升领导力的方向与目标。

Q：参与研修之后下一步做什么？

A：参加研修者将研修中学习的工具方法应用到实际中，不断地实践、培养自己的领导力习惯行为，"走上成为卓越领导者的旅程"。

研 修 课 程 相 关 资 料*

领越®领导力研修：学员手册（第5版）

领越®领导力研修：实践手册

本书是工作坊学员教材，是领越®领导力研修2~3天工作坊的组成部分，用于学员在工作坊中学习。"卓越领导五种习惯行为®"练习可以效仿的领导力具体行动，了解提升领导力的各种方法，以及如何将五种习惯行为应用到实际工作中的工具。

实践手册帮助领导者每天实践"卓越领导五种习惯行为®"，改善领导技能。作为领越®领导力研修的贯彻实践工具，实践手册用于指导研修者如何在今后的日常生活与工作中开展领导力实践活动。本手册还提供了工作日程表和实用表格来填写实践活动。

价值卡

这是在领越®领导力研修中使用的一个非常重要的工具，共有52张卡片，每张卡片有一个反映价值观的单词。本工具可帮助学员明确自己的价值观，指导自己的行动与价值观保持一致。

---

* 研修课程相关资料专供参加研修的学员使用。授课导师均需获得领越®领导力导师认证。领越®、领越 LPI®、卓越领导五种习惯行为®于2012年12月完成商标注册手续，正式启用。

领越®领导力研修：学员手册（精要版）

领越®领导力研修工作坊的组成部分，用于1~2天的领越®领导力工作坊。"卓越领导五种习惯行为®"练习可以效仿的领导力具体行动，了解提升领导力的各种方法，以及如何将五种习惯行为应用到实际工作中的工具。

领越 LPI®

领越 LPI®是全球非常畅销的，也是很值得信赖的领导力评测工具。目前最新版本为第4版。该工具的发明者詹姆斯·库泽斯和巴里·波斯纳在领越 LPI®第4版中进一步完善了领越 LPI®的全面性和实用性，并明确指出，领导力是可以测量、可以学习、可以教授的一系列具体行为。因此，领越 LPI®这一360度领导力评测工具是组织和个人在当前多变的市场环境中培养"卓越领导五种习惯行为®"极为实用的测量其领导力的工具。

领越 LPI®有线下纸面自我及360度评测、在线中文版（eLPI）两种形式，供评测者选用。

领越®LPI 反馈报告

根据自我评测及观察者评测数据，以几十年收集的全球领导者测评数据库为支撑，通过作者开发的测评软件，生成反馈报告，使参与者了解自己领导力方面的短板和长板，找到提升个人领导能力的方向和目标。

领越 LPI®导师手册

该手册为执导领越 LPI®的导师提供了丰富的培训、教练工具和资源。包括卓有成效的体验活动、分别针对不同时长领越 LPI®反馈或教练工作坊的内容安排和具体指导、不同时长工作坊的授课 PPT 等。本手册可供领越 LPI®导师、领越®领导力授权导师使用，也可以供其他领导力教练、咨询师、培训师参考。从本手册中，你可以很方便地找到各种样本资料，还可以在本手册指导下，根据需要和具体情况，为你的工作坊学员及教练对象量身定制合适的学习提升计划和活动安排，帮助他们成为一名拥有"卓越领导五种习惯行为®"的领导者。

领越 LPI®：领导力提升规划

作为领越 LPI®及领越®领导力研修工具的一部分，本书回顾了卓越领导五种习惯行为®，描述了学做领导的最佳实践，并提供了 100 多种成为更优秀的领导者的具体提升方法。它可帮助你找到较佳的领导力提升途径，指导你制定适合自己的个性化规划，让你成为优秀的领导者。

领越®领导力研修：导师手册

本手册包含了创建并指导卓有成效的领导力研修项目的所有资料，经过几十年时间检验及研发团队不断更新完善，能帮助你指导研修参与者挖掘自身领导力的潜能，改变自己的行为习惯，成为高效的领导者。

本套资料包括：⊙开展研修课程的详细教学说明 ⊙不同学时的研修活动安排 ⊙可在研修课程中进行的游戏活动介绍 ⊙一套学员手册 ⊙1 个 U 盘，包括研修课程所需要的表格样本、课程 PPT、视频等。

参加领越®领导力研修的部分客户

使用领越 LPI®，参与领越®领导力研修，由此踏上培养、成就卓越领导者之路的部分政府、企业、组织、学校：（www.leadershipchallenge.com）

美国管理协会	Countrywide Financial（全美金融公司）
美国红十字会	Freddie Mac（联邦住房贷款抵押公司）
澳大利亚管理协会	卡特比勒公司
纽约州政府	波音公司
密歇根州政府	美国雀巢公司
美国财政部	Network Appliance
波士顿大学管理学院	SAS Institute 赛仕研究所有限公司
卡内基梅隆大学	Staubach Company（美洲首屈一指的房
华盛顿大学	地产策略及服务公司）

加利福尼亚州立大学	MCI（美国著名的通信公司）
亚利桑那州州立大学	德尔蒙食品公司
康乃尔大学	Northrop Grumman（美国诺斯罗普·格鲁曼）
清华大学	
University of Connecticut	University of Virginia
University of Nebraska	Vanderbilt University
University of Notre Dame	Wake Forest University
富国银行	培生教育出版集团
惠普公司	Unisys 系统公司
Frontier Airline（美国边界航空公司）	惠氏制药公司
联邦快递	美国 API 网络工具有限公司
英特尔公司	Kaiser Permanente（美国最大的医疗保健机构）
Harley-Davidson（哈雷-维森集团）	
宜家	USDA-Leadership Development Academy
三一重工	丰田公司
思科系统公司	迪士尼公司
中国戴尔	先正达
德勤公司	拜耳公司
Oracle 公司	和睦家医院
IBM 公司	摩托罗拉
强生公司	VISA 公司
默克公司	中国石化集团
罗仕制药	联合利华
西门子公司	招商银行
BENAA ALROWAD	加拿大阿尔伯塔大学
第一招商银行	爱荷华大学
首席执行官的全球网络	加拿大里贾纳大学
柯林斯社区信用合作社 Inova 集团	公共健康实验室联合会

Evolve（怡峰）	纽约家庭服务中心
Toromont 卡特彼勒	加拿大阿尔伯塔州政府
运动心理中心	休斯敦市法院
科罗拉多州立大学	美国国务院
Simmons 管理学院	美国陆军
罗格斯大学	海军计算机网络防御作战司令部
全美互惠保险公司	Bose（全美国最大的扬声器厂家）
AT&T	谷歌公司
美国艺电公司（Electronic Arts）	苹果公司
Applied Materials（全球最大的半导体供应商）	PayPal
	Monsanto 孟山都
澳大利要邮政	L.L.BEAN（美国著名的户外用品品牌）
美国大西洋里奇菲尔德公司	洛克希德·马丁公司
Consumers Energy 消费者能源公司	诺斯洛普·格鲁门公司（Northrop Grumman）
Clorox（高乐氏）	
Dow Chemical（陶氏化学）	Pixar（皮克斯公司）
美国基因工程技术公司	Orlando 环球影城
嘉信理财（Charles Schwab）	Jude 儿童研究医院
Bain Capital（贝恩资本）	Western Mining Corporation 西部矿业公司
美洲银行（BOA）	
Gymboree（金宝贝）	Westpac（澳大利亚西太平洋银行）
Chevron（雪佛兰）	Verizon（威瑞森电信）
诺华制药（Novartis）	Vodafone（沃达丰）
Nvidia	USAA 金融服务集团
3M 公司	Telstra（澳大利亚最大的电讯公司）
NetApp	美国国务院
劳伦斯利弗莫尔国家实验室	韩国管理协会

领导力（第6版）

本书是领导力领域全球销量突破250多万册的经典权威著作，已被翻译成20余种语言。领导力是一种人与人之间的关系，领导力是带领大家迎接挑战走向卓越的能力。通过近30年的研究和对几千个领导者实践案例的分析，作者提炼出了卓越领导五种习惯行为和十大承诺，并给出了具体的行动指南。

学习领导力

领导力领域权威库泽斯和波斯纳在对全球70多个国家的数据和30多年研究的基础上，揭示了成为卓越领导者的五项基本原则——相信自己，追求卓越，挑战自我，寻求支持，刻意实践，并就如何增强和拓展领导能力提出了一系列方法。本书每章都讲述了一个成为卓越领导者的关键原则，提供了一种可操作的实践方法，通过这些易于理解与实践的自我教练行动，可以帮助你提升领导力软技能与硬技能，从而创造更大的成就。

激励人心——提升领导力的必要途径（典藏版）

20多年潜心研究的结果，数千个领导力案例的剖析，资深咨询顾问及畅销书作家为我们深入浅出地阐述了领导力的核心是对人的关心和激励，是心与心的沟通与互动，同时提供了150种激励方法。

信誉（第2版）

信誉是领导者赢得其追随者信任的一种个人品质。领导者有信誉是追随者愿意向其贡献自己的情感、才智、体力和忠诚的先决条件。要想吸引追随者对共同目标的投入，领导者就必须有信誉。全球著名的领导力领域权威在这本经典力作中，不仅阐述了信誉对领导者、事业成功的重要性，而且给出了增强领导者信誉的原则和修炼方法，可以采取的行动，领导者要想达到其追随者的期望所面临的挑战。最终你将明白，信誉是领导力的基石。

留下你的印记——体现领导力的最高境界（钻石版）

库泽斯和波斯纳以他们独特而富有挑战性的视角，剖析并告诉领导者如何在自己的领导生涯中留下极具影响力的印记，同时阐述了领导者追求留下持久印记的过程就是一个人从成功走向卓越的过程。

领导力的真理

作者基于 30 年的研究和在领导力测评中得到的 100 多万份问卷数据，总结出了 10 个领导力的真理，这 10 个领导力真理经过时间检验，在任何时代背景和环境下都适用，是领导力的核心所在。领导者掌握了这 10 个领导力真理，就可以以一种全新的视角，在瞬息万变和充满竞争的市场环境中，找到解决问题的根本，从容应对各种领导力难题，在组织内起到更高效和更有影响力的作用。

培养卓越领导者的教练指南（第 2 版）

成功、领导力与教练技术是紧密联系的：优秀的领导者指导人，优秀的教练领导人。本书为教练介绍了领越领导力模型、领越 LPI®、"卓越领导五种习惯行为®"——以身作则、共启愿景、挑战现状、使众人行和激励人心，并提供了一张方便快捷的路线图，你可以利用这张图，将它们融入你的教练工具中去，从而：帮助领导者在"卓越领导五种习惯行为®"中培养关键技能，使高潜力领导者更高效，促使领导者在日常工作中践行"卓越领导五种习惯行为®"，帮助领导者适应新职位，定制课堂培训、在线或一对一教练过程，解决问题并帮助领导者寻找常见问题的解决方案。在本书中，领导力专家詹姆斯·库泽斯、巴里·波斯纳和教练专家伊莱恩·碧柯展示了如何把畅销书《领导力》（*The Leadership Challenge*）中的经过实践检验的领导力开发原理融入教练实践或具体领导行为中，全面提升教练活动的效果。此外，本书还概述了优秀教练的能力，并列出了"教练六步骤"，有助于你利用"卓越领导五种习惯行为®"实现个人成长。

如有关于领越®系列产品及课程相关咨询，请与我们联系：

电话：86-10-88254180   电子邮件：cv@phei.com.cn
www.century-vision.com   www.leadershipchallenge.com